名师名校名校长

凝聚名师共识
圆名师关怀
打造名师品牌
培育名师群体

程红兵遠影

与诗意同行

谭腊元 夏顺 著

中国出版集团 现代出版社

图书在版编目（CIP）数据

与诗意同行 / 谭腊元，夏顺著. — 北京：现代出版社，2024.5
ISBN 978-7-5231-0800-0

Ⅰ．①与… Ⅱ．①谭… ②夏… Ⅲ．①教育－文集 Ⅳ．①G4-53

中国国家版本馆CIP数据核字（2024）第057103号

作　　者　　谭腊元　夏　顺
责任编辑　　窦艳秋

出 版 人　　乔先彪
出版发行　　现代出版社
地　　址　　北京市安定门外安华里504号
邮政编码　　100011
电　　话　　（010）64267325
传　　真　　（010）64245264
网　　址　　www.1980xd.com
印　　刷　　北京政采印刷服务有限公司
开　　本　　710mm×1000mm　1/16
印　　张　　15.75
字　　数　　255千字
版　　次　　2024年5月第1版　2024年5月第1次印刷
书　　号　　ISBN 978-7-5231-0800-0
定　　价　　58.00元

目 录

上篇　诗意生活

温暖的瞬间………………………………………………………… 2

做一个优秀的筑梦人……………………………………………… 5

爱心导航…………………………………………………………… 8

巧借"意外"，让课堂生成美丽…………………………………10

徜徉在诗意的语文课堂……………………………………………12

不要挡住学生的阳光………………………………………………14

智慧的课间十分钟…………………………………………………17

春风十里不如你……………………………………………………19

五年级班里来了个二年级"丫丫"………………………………21

细雪纷纷，书香飘摇………………………………………………23

小教室，大发展……………………………………………………27

一个"后妈"的开学日志…………………………………………29

一个都不能少………………………………………………………32

一个苹果……………………………………………………………34

谁给他一片爱的天空………………………………………………36

爱心信箱（一）……………………………………………………37

爱心信箱（二）……………………………………………………39

爱心信箱（三）···41

爱心信箱（四）：给抑郁症孩子们的一封信·······················43

爱心信箱（五）···45

爱心信箱（六）···47

家校沟通催开一朵迟开的蓓蕾···49

留守之光···51

我的节日，我的舞台··53

做一个幸福的耕耘者··55

好家风就是一所好学校··60

阿姨一定为你当导游··63

观影那些事儿··66

过年的含义··68

写给母亲的一封信··70

您还会再入我的梦中吗··73

壮哉中华：我心中的千古美文···75

阅读，点亮一个社会··77

点滴见初心，平凡见使命···79

一片冰心在玉壶，志做人民满意教师·····································81

实教集团《诗意阅读》引爆南县教育界·································84

"沙粒"是如何打磨成"珍珠"的···85

中篇　诗意"悦"读

做一个心中有爱，眼中有光的师者···92

纸上得来终觉浅，绝知此事要躬行···94

聆听花开的声音··96

各美其美，美美与共··98

请保护孩子的好奇心 ……………………………………… 100

每一个孩子都希望被看到 ………………………………… 102

每一棵小草都需要阳光 …………………………………… 104

肯定的力量 ………………………………………………… 106

孩子是天生的宽恕者 ……………………………………… 107

怎样做受学生欢迎的老师 ………………………………… 109

教育真是个"针线活" ……………………………………… 110

教育者要有些气象 ………………………………………… 111

要让学生掌握学习的5把"刀" …………………………… 113

巧学之才能乐学之 ………………………………………… 114

架设通往抽象真理的桥梁 ………………………………… 115

请记住,没有也不可能有抽象的学生 …………………… 116

我的第一本班级日志 ……………………………………… 117

每一朵花都需要阳光雨露 ………………………………… 119

让书香浸润我们的每一天 ………………………………… 121

用爱去培育每一朵花 ……………………………………… 122

为谁辛苦为谁甜 …………………………………………… 123

保持教育的敏感性 ………………………………………… 125

父母是孩子永恒的生命范本 ……………………………… 126

让你的阳光洒进他的心灵 ………………………………… 128

沉默也是一种教育的情调 ………………………………… 129

让学生愉快地接受你的表扬和批评 ……………………… 130

培养和保持教育的敏感性和机智 ………………………… 132

种树者必培其根,种德者必养其心 ……………………… 134

有时,孩子也是我们的老师 ……………………………… 137

教师应该敢于范读,乐于范读 …………………………… 139

"童心童读,同编共演"家庭阅读活动方案 …………… 142

相伴共读,书香润德 ……………………………………… 145

下篇 诗意教育

当"传统朗读"遇上"视频朗读"……………………………………150

浅谈如何创设情境让学生爱上作文…………………………………155

当"希沃白板"与古诗词美丽邂逅…………………………………159

教师，请把握教育自由与纪律的节奏………………………………163

略论低年级阅读教学如何提升学生言语表达能力…………………165

略谈对低年级学生课外阅读的指导…………………………………169

妙笔绘"心"，让人物鲜活起来……………………………………174

浅谈"教育随笔"在班级管理中的巧妙运用………………………179

浅谈如何用活教材培养孩子的表达能力……………………………184

让"预学批注"生成"课堂精彩"…………………………………188

浅谈小学语文教学之法宝……………………………………………192

从阅读中来，到习作中去……………………………………………198

培养问题意识，激发创新精神………………………………………204

以人为本，提高课堂讨论实效………………………………………207

注重课堂提问，促进课堂生成………………………………………210

小学语文阅读教学中如何渗透德育…………………………………213

好风凭借力，扬帆济沧海……………………………………………216

她终于走出了抑郁的"孤岛"………………………………………221

一堂好课应落实四个"意识"………………………………………224

一个农村教师的教学"百度网"……………………………………228

咬定"育人"不放松，立根原系"未来"中………………………233

一场诗意的修行………………………………………………………238

盛夏梦圆………………………………………………………………240

不忘初心，踏歌前行…………………………………………………243

上 篇

诗意生活

温暖的瞬间

谭腊元

一个人，一生中，总有一些人，总有一些瞬间，给你温暖，让你感觉生活处处充满阳光。

一、颁给老师的奖状

"谭老师，您是我们的恩师，我们一辈子都不会忘记您！"信的下面还用彩笔画了一张大大的奖状，上面工工整整地写着"奖给最优秀的教师——谭腊元老师"，落款是"爱您的83班全体学生"。这封信和这张特殊的奖状我一直珍藏着。

83班是我刚调至明山中学时接手的一个全校出名的初三"差班"。记得第一天调座位，竟有人跟我唱反调，理由是对自己的座位不满意。那个带头闹事的男生人高马大，一脸不屑地坐在椅子上哼歌。其他孩子也欺我年轻，又是初来乍到，反正叫不出他们的名字，也半天不挪位置。接手这个班时，我已做足了功课，从原任班主任处摸清了班上的"调皮鬼"的名字，并对照学籍照片加深印象。我准确地叫出他们的名字，在他们惊愕的表情中，我说："班上53个人，谁都想坐好位置，谁能保证让每个同学都满意，我拜你为师！"此话一出，那个带头闹的男生罗浩宇低下了头，我再顺势引导，"是的，谁也不能，老师只能将你们按高矮、性别、性格、成绩等合理搭配，再定时轮换，尽量公平公正。"

接下来的日子，我悉心备课，用心引领。课上，我幽默诙谐；课下，我活泼亲切。批改作业，我一丝不苟；批评教育，我春风化雨。很快，大部分孩子接受了我，但还有一些孩子陋习难改——上课睡觉，不交作业，经常打架，甚至逃学，让我伤透脑筋，心中阴云密布。可一个月后，我的岗位发生变动，被调到七年级教语文。我有点儿小庆幸——终于可以甩掉这个差班，不用这么劳神费力了！谁料当我将教室门推开，只听到一片啜泣声，黑板上写着："真的舍不得您——谭老师。"原来他们早已打听到此消息，班长走上台来，将一封信交上来，然后哭着跑了下去……刚才还在为甩掉他们而庆幸的我此刻感动得说不出话。作为一名刚毕业的教师，能收到孩子如此真诚的礼物，又怎能不感动，又怎能不带着这份爱继续努力工作呢？

二、特殊的点赞

在我的领导同事中，有一个人总让我感动，他便是关工委的彭棣华主任。

记得有一次，我的一篇教育随笔《精彩的课间10分钟》发表在了《教育周刊》上，我忍不住心中的激动，将文章的截图发在朋友圈，收获了一大波点赞。其中彭主任的点赞格外的用心，他专门为我写了三首打油诗："满怀工作激情，点化懵懂孩童。重重光环闪耀，绝非浪得虚名。""饱含教育情怀，坚守三尺讲台。全心奉献事业，成就孩子未来。""课间十分钟，精彩纷呈。先生巧设问，一石激起浪千层。张家伢子李家妹，争相应对各不同。巧言妙语纷纷出，句句都该给满分。莫道星星火种，燎原智慧天空。好书长相伴，受益无穷。"彭主任既是我的领导，又是我的前辈，他爱读书，爱孩子，爱教育，临近退休但并不闲着，不仅自己笔耕不辍，还挤出闲暇时间为热爱写作的老师和孩子们培训指导、修改文章。在他的努力下，很多老师的论文、随笔，很多孩子的习作见诸各种报刊。只要谁取得成绩，他立马为你写诗点赞。一生中能遇如此有教育情怀的前辈、同人，幸甚至哉！

三、"让我迟点儿'阳'！"

迷迷糊糊中，看见一个熟悉的身影正在客厅里念念有词："让我迟点'阳'吧，让我先照顾好我的家人，他们好了我再'阳'也不迟。"这个念念叨叨的人就是我的老公，此刻我的心中充满了感动。一直以来，老公在我心中都是一个不懂浪漫、不够温柔的丈夫，我一直对他颇有微词。解封后，儿子首先"中招"，然后是我，接着是公公婆婆，一家子除了他全变成了病人。我的症状最严重，发高烧，浑身酸痛，而公公婆婆又有基础病，照顾我们的重任便全落在了他的肩上。他每天要把药送到我们面前，叮嘱我们喝下，还要变着法儿为我们做好吃的，什么红烧猪蹄、牛肉火锅、黄焖土鸡、清蒸鲫鱼，说只有吃得好才能增强免疫力。他在微信群中见乡下老家的亲友邻居因为买不到药在求助，就赶紧将家中剩下的药整理好，再跑遍全县城大小药店，凑齐了所需药品，亲自开车将药送到病人家里，让大家感动不已。是啊，一生中能携手这样一个心中有爱的人，怎能不庆幸呢？

　　有了温暖的瞬间，再冷的天也不会冷，因为心底有火苗在燃烧；再孤寂的日子也不会流泪，因为心底有力量在支撑。我，将这些温暖的瞬间一一珍藏在心底，于是拥有了更多的爱与力量，生活便处处充满了阳光。

做一个优秀的筑梦人

谭腊元

之前，我一直觉得自己是教师队伍中的排头兵，是先锋，是模范，因为我的工作十分顺利，幸运之神也时时眷顾我。17岁中师毕业后，我回母校教初中，之后，因为自己的勤奋与努力，工作上小有成绩；2007年32岁的我晋升为全县最年轻的中学语文高级教师，还光荣地加入了中国共产党。

面对同行的夸赞和羡慕，我不禁飘飘然起来，开始以"好老师"自居，开始躺在过去的功劳簿上睡大觉，不思进取。渐渐地，我失去了前行的动力，感觉自己是站在山顶上的"独孤求败"，找不到竞争的对手、攀登的目标，甚至对自己从事的教师这个职业也产生了倦怠感，可我还年轻，今后的路，我该怎么走？我的眼前满是迷雾，看不到希望的光亮……

在第37个教师节来临之际，习近平总书记给全国高校黄大年式教师团队代表回信，对广大教师提出殷切期望——"好老师要做到学为人师、行为世范"。向黄大年同志学习的春风为我拨开了迷雾。

古人云，"师者，所以传道受业解惑也"。习近平总书记也在讲话中强调："教师重要，就在于教师的工作是塑造灵魂、塑造生命、塑造人的工作。一个人遇到好老师是人生的幸运，一个学校拥有好老师是学校的光荣，一个民族源源不断涌现出一批又一批好老师则是民族的希望。"一个偶然的机会，我从明山中学调到南洲实验小学，从事全新的小学教学工作。南洲实验小学是一个非常优秀的团队，在这里，党的政治学习活动开展得如火如荼，党员教师每天要打卡学习，我的教育理念和思想认识开始发生质的飞跃。在这里，党员教

5

师率先垂范，有把学校的发展当作自己一生追求的孟琳校长；有深入开展课堂教学改革，规划教学科研，强化教学质量管理的李松梅老师；有"学高为师，德高为范"的江丽云老师；有勤勤恳恳做事，踏踏实实做人的汤万福老师；有积极学习，活跃在"扶贫帮困"一线的何宏光、罗艳辉老师……他们用行动践行着"讲政治，有信念，讲规矩，有纪律，讲道德，有品行，讲奉献，有作为"。

我意识到自己的渺小与不足，学校党支部每周一节党课专题讨论，每月一次的民主生活会，更让我开始反思之前我的教育理念和教学行为。那是去年冬天的事，我正在上课，班上有一名女生，平时调皮得很，上课经常举手告状。那天她突然举手，我以为她又要告状，所以没理她。结果下课时同学告诉我她尿裤子了，天这么冷，裤子尿湿了，怎么得了？我一边埋怨着她，一边给她母亲打电话，让她母亲赶紧送一条裤子来。办公室的李老师比我年长几岁，又是一位老党员。她看见了孩子尿湿了，赶紧牵着她的手，让她坐在火炉边，把棉裤烤干。当时我还不以为然，李老师看出我的不屑，便诚恳地告诉我，她教一年级时，发现一位孩子神色不对，便走到她跟前，将嘴巴凑到她耳朵上问："想上厕所吗？"该生使劲点头，李老师便一拍她的肩，她便飞也似地跑去了。过了好一会儿还不见回来，李老师便又打发另一个学生给她送去卫生纸。李老师告诉我，孩子在乎的不是你教给他多少知识，而是你是否真正尊重他，关心他。难怪李老师身边总是围绕着那么多的学生，我这才明白，原来学生亲近李老师是有理由的。教育的本质是爱，在我过去20多年的教学生涯里，我常借"爱"的名义把犯了错误的学生"请"到办公室来，命令他们站好，然后劈头盖脸一顿训斥。训斥完了，还让他们说一句"谢谢老师的教育"。我做的哪里是教育，简直就是专制！我还是他们的老师吗？我还配做他们的老师吗？

是啊，三尺讲台融进的是辛劳，也是师德、师魂。正如习近平总书记在讲话中所言，"今天的学生是未来实现中华民族伟大复兴中国梦的主力军，广大教师是打造这支中华民族'梦之队'的筑梦人"。试想，专制的教育，能培育出懂得尊重、平等、民主的"梦之队"吗？我庆幸，我是一名党员，我庆幸，我在迷茫的时候遇到了最好的党组织。是党教育了我，是党组织帮助了我，改变了我！

　　我想，作为一名教育人，尤其是一名党员教师，今后我不仅要用扎实的学识充实自己，更要用自己的理想信念、道德情操、仁爱之心去点燃学生对真善美的向往，让每一名学生都能健康成长，享受成功的喜悦。今后我还会将犯了错误的学生请到办公室，但我会为他搬把椅子，请他坐在在我的身边，甚至还会为他倒一杯水；我会很严肃，甚至严厉，但我不会再说"你真是烂泥扶不上墙"之类伤害学生自尊的话，我会以自己的一言一行，一举一动告诉学生什么叫尊重、平等、民主！

　　看未来，同一个世界，同一个梦想，让我们始终牢记党的宗旨，坚持立德树人。面对形形色色的诱惑，我们党员教师要立足本职，无私奉献，发扬"三牛"精神，成为打造复兴伟大中华民族的"梦之队"的优秀筑梦人！

爱心导航

谭腊元

时光的长河不断冲刷着记忆的沙滩，却冲不掉那个夜晚，那个陌生的城市，那个普通的的士司机带给我的温暖记忆。这段回忆像一个闪光的贝壳，是那样的夺目。

那是2005年的五一国际劳动节，我们全家正兴致勃勃地前往江西庐山自驾游。关于目的地，我们讨论了好久，最后才达成一致，谁让李白对庐山的描绘"飞流直下三千尺，疑是银河落九天"那么令人神往呢？此行的司机是我老公的妹夫，他几年前随他老爸去过一趟庐山，这次他租了一辆中巴车，在我们面前打包票，他既做司机又做导游，一定要让此行成为我们最美好的旅游记忆。出于对妹夫的信任，吃过午饭，11口人组成的家庭旅游团正式出发了。

阳光明媚，白云悠悠，风儿轻轻，大家聊聊天，赏赏景，唱唱歌，吃吃零食，时间一晃就接近黄昏了。妹夫的驾驶技术还是挺厉害的，汽车已平稳地行驶在九江通往庐山的路上了。突然，一个急刹车，大家身子往前一倾，哦，前面好像在修路。为了赶时间，妹夫决定抄近路——虽然他以前并未走过那条路。天色越来越暗，路却越来越窄，两边的树林越来越浓密，居民也越来越稀少，偶尔有一两盏灯亮着。我们的心也开始紧张起来，莫非走错了？要知道那时没有导航，没有智能手机，我们出行完全靠地图和问路。一向自信健谈的妹夫也开始不说话了，可能他也开始怀疑自己的选择了吧，可"屋漏偏遭连夜雨"，霉运接踵而来——"叭嗒"一声，车的前灯熄灭了！试想，在荒僻的小道上，在漆黑的夜晚，前不着村，后不着店，连自己置身于哪里都搞不清，你的心情会怎样？儿子才4岁，灯一黑，吓得马上哭了起来，紧紧抱着我："妈妈，我要回家，我怕！……这里有怪物！……呜呜……"妹夫也没了主意，大家又害怕又无奈，这黑灯瞎火的，该怎么办？只能试试运气，祈祷路上有其他车辆经过，帮我们指路了。可大家心里明白，这荒野小道，车辆是少之又少啊！

1分钟，5分钟，10分钟……30分钟过去了，路上还是没看到一辆车，大家心中的希望的火苗渐渐熄灭了，恐惧侵袭着我们。正在绝望之际，突然前面闪过一点光亮，近了，近了！是一辆的士。妹夫赶紧上前拦住车，向的士司机问路，的士司机本来抄近路赶着回家给女儿过生日，但见我们是外乡人，人生地不熟，车又出了故障，略微迟疑了一会儿，说："别着急，出门在外不容易，我帮你们带路吧，你们紧紧跟在我后面就可以了，这条路大约走30公里就可以到大路了，很快就到庐山市了！"暗夜里，虽然看不见的士司机的脸，但他那沙哑而又亲切的话语，似春风，徐徐吹进我们的心里，似炉火，让我们冰冷的心也随之温暖起来，刚才的恐惧也一扫而光了。

的士司机调转车头，我们的车紧跟其后……终于，前面路灯明亮起来，我们终于驶上了大路，来到了市区。的士司机停下车来，又热心地告诉妹夫该往哪里走，哪里有修车的，哪里有饭店，哪里的酒店比较实惠……妹夫感动不已，赶紧掏出200元钱来表示感谢。可那个司机忙不迭地将钱推开，笑着说："举手之劳，何足挂齿！出门在外，谁能保证不会遇到为难的事？换作是你，相信你也会这么做的。以前别人也帮过我。今天我帮了你，说不定哪天你也会无意中帮我，你说是不是？"说完又是一阵爽朗的笑声……是啊，大家都为暗夜中前行的人点亮一盏灯，这个社会才会光明永驻！

那次庐山之旅，所游玩的景点并没在我脑海中留下多少印象，但那个夜晚，那个为我们爱心导航的的士司机，却永远温暖着我的心灵。

巧借"意外"，让课堂生成美丽

谭腊元

"自从您接了我们这个全校闻名的'烂'班，为了我们的成长，您真是操碎了心，我在这儿代表全班同学郑重地向您说一句：对不起，谭老师，您辛苦了！"翻开那一沓整整齐齐的作文本，我被孩子们流淌在字里行间的真情震撼了，昨天发生的一幕幕又出现在眼前……

教室里静悄悄的，只听见我自己嘶哑的声音，我们在进行词语听写，大家都埋着头认真地书写……

突然，我发现小周同学连笔都没拿出来，一股无名火便由脚底往上蹿，喉咙也似乎被堵住了。我再用目光一扫，发现教室里至少有7个同学几乎是白卷。想到学期初，我在家长们的强烈请愿下才接手了这个换老师如翻日历一样快的班，我花了多少心血和汗水在他们身上？牺牲了多少休息时间为个别学生辅导？我在漆黑的夜晚顶风冒雨一户户家访，下课时苦口婆心与"熊孩子"们谈话……我为了什么？

教室里静得连一根针掉在地上都听得见。也许是察觉到老师的愤怒，大家齐刷刷地把责备的目光投向了小周，小周感觉到自己惹了众怒，赶紧低下了头。我的脑子里突然灵光一闪，今天的作文课《我想对老师说》他们不是没话对老师倾诉吗？他们不是看不到老师的付出吗？我今天何不……我故作平静地说："算了，不听写了，以后我们都不听写了，明天我就去向校长请求为你们换老师！"我走到教室门口，却听见了一阵嘤嘤的哭泣声，很多女孩子伏在桌上哭泣，那些喜欢打闹的男孩子，也出奇地老实。看来情境创设已达预期的效

10

果，但我还是故作生气，冷冷地对大家说了一声："快点儿走，5分钟后我要锁门回家了，至于教室卫生，你们想打扫便打扫，不想打扫也没关系。"说完后我回了办公室。只听见一阵窸窸窣窣的声音，大家挤挤挨挨地走出教室，那天留下扫地的同学出奇地多，教室被打扫得出奇地干净，黑板上还书写了"谭老师，对不起"五个大字！我原本只是想创设一个情境，没想到却收获了孩子们如此多的深情，那一刻我也哭了，看来我的辛苦没有白费，我的心血没有白花，我的汗水没有白流。晚上有很多学生哭着给我发语音："谭老师，对不起，别丢下我们。""谭老师您别走，我们喜欢您。"我在微信群中留言："我想听听你们的心里话，尤其是那些不爱学习的孩子。"

接下来的作文讲评课上，我让孩子们交流此次写作成功的原因。陈沂汐同学说："我的写作水平不高，以前每次写作都要绞尽脑汁，找来作文书这儿抄一段那儿抄一段，七拼八凑，真是烦恼。但这次写作我没有借助任何资料，我就是一边写一边回忆老师为了我们班的付出，我们班发生的变化，我们班取得的成绩，我只想告诉谭老师，我们不想让您走。""调皮鬼"冷超发言说："我以前写作总要妈妈一句一句教，我才动笔写。这一次，我一回家就开始写，我想起老师为我们辅导作文时，真是想千方设百计，又是做游戏，又是带我们参观体验，然后逐字逐句为我们批改。面对那密密麻麻的修改文字，我怎能不好好学习呢？我想对谭老师说声对不起。"小周同学这次也站起来说："我知道我对不起谭老师。我上课爱讲小话，学习不认真，上次谭老师和李老师冒着风顶着雨摸着黑到我家来家访，很让我感动，我就写了这件事。"

我顺势告诉孩子们："其实写作并不难，你们已经找到了写好作文的金钥匙。你们不仅有话说，还有完整的事例、具体生动的细节，老师已收到了你们送给老师的真情礼物，老师决定继续教你们。"孩子们激动得欢呼雀跃起来。

课堂中出现的意外五花八门，教师唯有不断加强自身学识和修养，有意识地提高应对能力，才能从容随机应变。巧妙处理课堂"意外"，把教书育人工作做得更好，课堂也会收获更多美丽！

徜徉在诗意的语文课堂

谭腊元

快下课了，规定的语文教学任务已完成，干什么呢？有了，让孩子们进行一下口语训练吧，我将"（　）是（　）的（　）。（要求用比喻）"写在黑板上，孩子们一下子活跃起来了。

你看，那有着一身黝黑皮肤的陈逸扬小朋友晶亮的眸子一转，立即举起了小手，我示意他回答："树叶是毛毛虫的被子。"我惊叹这小小的脑袋竟然能创造出这些大人们都难以写出的诗句，转身把他的诗句写在黑板上，并认真表扬了他："陈逸扬，你不愧是咱们136班的小诗人！老师将把你创造的诗句记下来，传到网上去，让别人瞧瞧我班学生的厉害！"此话一出，无异于在平静的湖里丢下一粒石子，霎时，无数只小手高高举起，学生们的脸上无一不写满期待，调皮的陈子杰小朋友甚至将小手举到了我面前，声音中充满了急切："老师喊我，喊我……"我难得见他如此上进，便叫了他，"蘑菇是小白兔的太阳伞。""不对，我认为蘑菇是小白兔的篮子。"罗聪涵小朋友急切地叫道，还做了个提篮的动作。我还来不及肯定，符逸夫这个最善于思考的小朋友直接就站起来了："老师，我认为胡萝卜是小老鼠的小汽车。"很多小朋友表示出不解，我示意他给予解释，他说："小老鼠喜欢吃胡萝卜，偷胡萝卜，钻进胡萝卜，把它当小汽车。""但我认为，鞋子还是小老鼠的家哩！""荷叶是我的太阳碗。""荷叶是小蝴蝶的舞台。""树叶是小蚂蚁的船。"

短短七分钟，孩子们俨然天才的诗人，想象力如此丰富，真让我自愧不如啊！

徜徉在诗意的语文课堂，我感觉当一个语文教师，真幸福！

不要挡住学生的阳光

谭腊元

梁启超先生说过，"少年智则国智，少年强则国强"。少年乃一国之精髓，是国家未来发展的希望。然而，在这学期的一次班会课上，我对本班51名学生的"我的梦想"进行调查时发现，"少年梦"中的"科学梦"很少，只有不到1/3的学生表示将来想从事与科学发明有关的工作。多数女生的梦想是当明星，多数男生的梦想是当老板、设计师，这是偶然现象吗？

中科院的一位研究员前些年对北京市1000多名中小学生展开的调查更能说明问题。在9个未来希望从事的职业中，选择"科学家"的人数居倒数第三，只排在工人、农民前。

这不禁让我们思索，到底是谁偷走了中国孩子的"科学梦"？

我认为造成这一现象的原因不外乎两个，时代发展和教育现状。信息化、多元化时代已经到来，就业选择随之多元化，新兴职业也应运而生。面对繁多的就业选择，"有趣""名利"成了部分年轻人的择业标准，而相对枯燥的科学与技术职业自然被"淘汰"出局，这也必然影响到我们的孩子。

如果说时代发展是必然趋势，那么教育便是"科学梦"稀缺的重要原因。高考指挥棒下的不甘落后的家长成了"揠苗助长"的农夫，溺于题海之中的学生沦为了考试机器。没有思考也就没有科学，没有实践就不会出真知。应试教育下的学生，尽管成绩优异，但不少已失去了学习的热情和在某一领域深入研究的决心。

这不禁让我们每一位教育者思索，教育的目的到底是什么？正如卢梭所言，"教育即生长"。教育是让每个孩子的天性和能力得到充分施展，而不是将知识强行灌输给孩子。教育的目的，当然不是要把每个孩子都培养成科学家，而是要让他们学会像科学家一样思考探究，像工程师一样动手实践，培养他们发现问题、解决问题的能力。顺应每个孩子的天性，培养孩子对科学的兴趣，让每个孩子都健康快乐地学习，这是教育的最高境界，也与孔子"因材施教"的理念不谋而合。

一位华裔美籍博士生导师曾说，一些中国留学生很勤奋，但最后除了写一篇论文，好像没剩什么。过去参加奥林匹克理化生比赛的一些获奖孩子，他们甚至连一些生活常识都不知道，出国还要家长拎着箱子，这种生活态度的孩子能走多远？他们追求的科学太空虚了，离他们的生活太远了！

再看我们乡村的孩子，趴在地上研究蚂蚁，躺在草丛里听蟋蟀唱歌、看蜗牛搬家……对这些孩子来说，科学离他们很远，但是生活离他们很近。

其实真正的科学与生活是密切相关的，在呵护少年儿童的"科学梦"时，我们教育者一定要告诉孩子们，真正的科学是关于物质世界的体验与探究。

呵护少年儿童的"科学梦"，我们应当重视科学课，应当培养综合型的科学教师，增强教师外出学习的机会。同时改革科学课程的内容和教学方式，如引导孩子走进大自然，走进实验室，开展少年儿童乐意参加的科普活动，从而增强科学课对学生的吸引力。具体来说，一方面我们要重视"动手做"，另一方面要加强孩子们的科普阅读。

呵护少年儿童的"科学梦"，千万不要走偏。不要觉得"科学梦"是最大最美的梦，别的就可以不管了。如果要把科学作为人生的习惯或者追求的话，我们还应该通过文、史、哲、艺术等来培育"科学梦"，要让孩子有人文底蕴，从小便要用文学、历史、哲学、艺术来陶冶和呵护孩子们的"科学梦"。

呵护少年儿童的"科学梦"，我们还应当寻求社会力量的配合与支持。科学家到底是怎样工作和生活的？科学家的梦想是怎样产生的？我们可以创造条件，利用社会新闻和网络多做宣传。

如今教育问题已得到全社会的广泛关注，如何培养青少年对科学的兴趣，成了现今教育工作者面临的重要问题之一。正如中国青少年研究中心首席专家孙云晓所说："这是一个关乎国家发展的严重问题，只有尽早着手解决，才能使我国免受科技人才荒带来的负面影响和巨大损失。"

第欧根尼曾说，"请不要挡住我的阳光"。作为一个义务教育阶段的教育工作者，不应挡住孩子发展天性、追寻真理、崇尚科学的阳光，而应该为其提供肥沃的土壤，让科学之花的种子生根发芽。

智慧的课间十分钟

谭腊元

今天，翻开苏霍姆林斯基的《给教师的建议》第62页，一段文字深深地打动了我的心灵："所谓课上的有趣，就是说学生带着一种高涨的激动的情绪从事学习和思考，对面前展示的真理感到惊奇，甚至震惊，学生在学习中意识和感觉到自己的智慧力量，体验到创造的欢乐，为人的智慧和意志的伟大而感到骄傲。"

读着读着，我就想起了那天语文课发生的趣事。

上完《杨氏之子》，我提了一个问题："假设你是杨氏之子，家里来的客人不是孔姓，而是与你同姓，你又如何机智应对？我想看吾班学子有谁胜过杨氏之子。"话音刚落，下课铃响了，我只好宣布下节课再请同学回答。我本以为这些顽劣的"熊孩子"们会涌出教室去玩，结果他们一个个跑上前来，争相告诉我他们的回答。黄楚岑小朋友第一个冲上前来，仰着脸一字一顿地说："未闻黄瓜是夫子家菜。"男孩王博霖在旁插嘴道："也可以是'黄桃是夫子家果，黄莺是夫子家鸟'。"一向腼腆的章一暄跑过来小声地对我说："谭老师，我想到了两个，一个是'未闻章鱼是夫子家鱼'，一个是'未闻蟑螂是夫子家虫'。"我微笑着点点头，他立马兴奋地跑开了。

放眼整个教室，几乎没有一个同学出去玩，他们有的在座位上敲着小脑袋想，有的在相互交流，有的兴奋地把他的妙语分享给同学……班长潘予涵这下遇到难题了，她一直在冥思苦想，嘴里自言自语："我的这个姓嘛，还真不好说……"苦思未果后，她邀上好友邹嘉琪去求助班上的"百科全书"邓棕铭。

邓棕铭摸摸小脑袋，说，"你可以谐音啊！'未闻蟠桃是夫子家果'。"一语惊醒梦中人，她俩恍然大悟，齐声说："啊，我怎么没想到，你太棒了！"

沈凡舒平素鬼点子多，她这个姓想仿说这句话确实有点儿难，我想看她怎么应答，没想到她的回答刷新了我和同学们的认知——"未闻沈阳是夫子家城"。"调皮鬼"徐予涵一拍脑袋大声说："哦，原来还可以这样说，我以为只可以说植物动物呢，那我可以这样说，'未闻徐庶是夫子家兄'。"一石激起千层浪，孩子们一个个跑到我跟前，争相说出他们的妙对，"未闻张飞是夫子家弟""未闻黄河是夫子家河""未闻唐寅是夫子家兄"……大家纷纷以自家的姓，联想到地名、人名、植物、动物……妙言妙句纷至沓来，教室里满是智慧与智慧的碰撞，我连连称赞："吾班学子甚聪慧！大家还可从课外读物、从我们身边寻找如此智慧之人，欣赏如此智慧之语……"课间10分钟一眨眼就过去了，大家还意犹未尽，恋恋不舍地回到座位上。

其实，我们教师只须适时地把握好一个契机，抛下一星火种，就会点燃孩子们智慧的天空！

《给教师的建议》中写道："兴趣的源泉还在于把知识加以运用，使学生体验到一种理智高于事实和现象的权力感，在人的心灵深处都有一种根深蒂固的需要，这就是希望自己是一个发现者、研究者、探索者，而在儿童的精神世界中，这种需要则特别强烈，但是如果不给他提供食物，这种需要就会萎谢，而对知识的兴趣也随之熄灭，我认为有一项十分重要的教育任务，这就是不断地扶植和巩固学生想要成为发现者的愿望，并借助一些专门的工作方法来实现他的愿望。"

我在课堂上激发了儿童表达的兴趣，所以孩子们兴趣的火花才越燃越旺！

（此文已发表于《教育周刊》）

春风十里不如你

谭腊元

　　"谭老师，班牌修好了，您看可以不？"一个甜甜的声音留住了正准备回办公室的我。循声一望，是他，班上的"调皮鬼"——苏熙宸。他仰起红扑扑的脸，笑成新月的眼睛格外清澈。在他清澈的目光下，一股惭愧和感动之情从我心底油然而生。我不由得想起了前几天的中午放学……

　　"谭老师，我班班牌不知什么时候折断了！"苏熙宸手拿那断成两截的班牌站在我面前，一脸焦急。是啊，不知是哪个"调皮鬼"的"杰作"，难道是他在自导自演？我头脑里闪现出他的斑斑劣迹：把课桌捣鼓成垃圾乐园，课堂上笔记全然不做，作业缺交名单里常做客，集体活动中总爱唱反调！总之，他是咱班一盏不省油的灯！哎！每天忙着备课、教学、批作业、辅导纠错，还要参加教学研讨，累得都快喘不过气来了，现在班牌又给我添堵！我的眉头皱了起来，正准备质问他。也许看出了我的心烦，苏熙宸反而小大人似地安慰我起来："没事，谭老师，我拿回家用502胶水试试，应该可以的，您放心！"

　　于是，这块经过"手术缝合"的绿色班牌又出现在了校门口，在阳光下是那样醒目耀眼。"春风十里不如你，三里桃花不及卿"，借此机会，我在班会课上郑重表扬了苏熙宸，表扬他热爱集体，是班级"活雷锋"！在"班级优化大师"里为他加了10分，让他担任班级雷锋岗——负责监督班级卫生，并号召大家向他学习！

　　表扬和信任的力量真大！自此，苏熙宸的转变让人刮目相看：不仅他自己课桌里的垃圾不见了，他还会提个塑料袋，将隐藏在旮旯里的垃圾装起来；他上课不仅做笔记，还举手回答问题了；每天作业按时上交了，甚至默写也能跟上了；班级教学多媒体有问题，他竟能轻松解决……他带给我们的惊喜与感动也越来越多！为此，我专门在班级日志中表扬他是班级"活雷锋"！

榜样的力量也是不可估量的。这不，班级坏掉的撮箕被孩子们悄悄修好了。班长刘谨言扫地时发现班级新领的撮箕坏了，于是她和朱俊蓉、刘秭瑶、谢玄琳一商议，决定动手修补好。她们借来李俊博的黑胶带，小心地缠、绕、粘，几个小脑袋凑在一块儿，眼神是那样专注，动作是那样小心，仿佛他们修补的不是工具，而是一个活生生的生命！

我发现，上交的试卷不再凌乱，有人悄悄整理；黑板不再寂寞，有人悄悄擦洗；绿植不再孤单，有人热心来浇灌；书柜里的书籍不再无序，有人悄悄给它们排队；垃圾不再淘气，有人悄悄送它们回家；同学遇上难题，有人默默地去帮辅……

哦，谢谢你们，你们热爱集体的举动似三月的春风温暖了我们，吹走了大家的自私与麻木，唤醒了大家的热情与主动！

春风十里不如你，三里桃花不及卿！

（此文发表于《湖南科技新报》）

五年级班里来了个二年级"丫丫"

谭腊元

　　雨丝轻柔地吻着窗户，然后顺着玻璃滑成一道道泪痕，正如我此时的心情。

　　现在是"每周一歌"时间，教室内，孩子们正在激情地演唱，而我心头却莫名地烦忧。因为接手教这个班语文以来，深感孩子们课外阅读兴趣不浓，课外积累太少，以至于课堂拓展时提个问题，举手的少得可怜！每次上课，我都感觉自己是旧时伏尔加河边上的纤夫——拉都拉不动。而近几天，又要接受每年一度的"阅读梦飞翔"的评估，我真担心……

　　突然，我隐约看到一颗小脑袋正贴在窗口专注地聆听教室的歌声。我踱到教室门外，仔细一打量，哦，原来是年级组范老师的女儿——"丫丫"，我诧异她怎么不去上课，她说今天上午二年级孩子打疫苗，她早就打完了，而妈妈要上课，她无事可干，被教室里的歌声吸引了。早就听说丫丫爱阅读，平日里能说会道，一个大胆的想法突然跳出我的脑海：这节课何不让她到我班当个"跳级生"？一则帮范老师带孩子，二则以此来触动一下我班这些不爱阅读的"熊孩子"。

　　当我把想法提出来征询丫丫的意见时，本以为她会害羞地逃开，谁料她那双清澈的眸子里闪过一丝兴奋，竟丝毫也没犹豫就点头同意了！太好了！我隆重地向教室内这群五年级孩子们介绍了丫丫："这位小朋友是我校二年级的，今天我请她和我们一起上语文课，看你们和她谁厉害？她特别爱阅读，你们可别小瞧她哦！"孩子们一脸的怀疑与不屑。

我把丫丫安排在了讲桌旁，把我的语文书给她。今天学习《松鼠》一课，我观察到，丫丫听课的眼神十分专注，而且爱动脑筋，我每提一个问题，丫丫都举手，非常积极，不过我没叫她，毕竟我是给咱班孩子上课。当我让孩子梳理第二段信息时，我喊了班上语文学习成绩很棒的朱俊蓉进行总结。她很快梳理出两点：松鼠在高处活动，白天休息晚上活动。我让其他孩子评价答案对错，绝大部分同学都认同朱俊蓉的答案。这时丫丫又举手了："我认为不对，书上讲松鼠经常在高处活动，'经常'指通常，但偶尔也在低处活动。课文后面讲只要刮大风，它就从树上下来。所以'经常'这个词不能去掉。"丫丫一讲完，全场静默了几秒钟，然后爆发出一阵雷鸣般的掌声。这群刚才还在心里暗笑丫丫不自量力的孩子此刻眼里盛满了惊奇，嘴巴张成了"O"字，半天没合拢。我趁热打铁："瞧瞧，阅读的力量有多大！丫丫爱阅读，阅读素养和识字量已大大超过了同龄人，让大家长见识了吧。所以，阅读能让人长智，正如我们实验学校教育集团校训所讲的，'读进步的书，做最好的自己'，你们还不赶紧爱上阅读，再这样下去恐怕会连二年级孩子都不如啦！"同学们听了，脸都羞红了！而丫丫，坐得更直了！

窗外，雨丝不知何时变成了雨点，正噼里啪啦地砸得窗户直响。我想这堂课给孩子们的震撼应该不小吧，给小丫丫的肯定和鼓励也应该很大吧！而留给我的，也将是把指导孩子们爱上阅读当作终身的追求！

细雪纷纷，书香飘摇

谭腊元

今天，气温骤然降至0℃，天空还飘着零星雪花，我穿着厚厚的棉裤还能感受到风的寒冷。下午第一节本是我们六年级接受县阅读评估的时间，也许怕孩子们太冷，领导们由每班必检临时改成全校抽检，我们六年级不用接受检阅了。我如释重负，因为昨日指导训练互动时，我还为他们的"沉默是金"而烦恼呢。于是，我兴奋地推开教室门，正准备将这好消息宣布时，却发现孩子们一个个正襟危坐，静心阅读。

我不忍心打断他们，决定来一次好书推荐比赛，比赛者毛遂自荐，交流积极者也有奖。

首先上场的是成芷晗，她推荐的是林海音的《城南旧事》。到了互动提问环节，她问："同学们，有没有那么一个瞬间，你会像主人公英子一样，觉得自己一下子长大了呢？"这个问题一抛出，同学们纷纷举手。一向腼腆的胡振祺主动站了起来："奶奶含辛茹苦照顾我十几年，从不叫苦从不叫累。有一天，在我眼中身体一向健康的奶奶突然病倒了，我慌了，于是赶紧送奶奶看病，照顾奶奶吃药，还主动干起了家务……奶奶摸着我的头说我长大了，那一刻，我明白了，原来长大是学会分担，主动承担一份责任。"大家纷纷鼓掌。接着刘宇涵也迫不及待地分享了他独自走夜路的经历，他说："我认为长大就是战胜恐惧的那一刻。"

第三个主动分享的是曾俊熙，这是个阳光帅气的男孩，脸上总是洋溢着治愈系的笑容，样貌出众的他颇有几分明星气质。他推荐的是法布尔的《昆虫记》。当他声情并茂地介绍公螳螂牺牲自己，成全母螳螂及幼螳螂时，我看到同学们眼睛瞪得像铜铃，脸上写满了不可思议和感动，那一刻，教室里安静得出奇，连平日里那些喜欢说小话的林中"小雀"也被他的介绍吸引了！"同学们，法布尔的昆虫世界是那样有趣，如果给你一个机会，让你变形，你想变成什么昆虫，去体验它们的生活及喜怒哀乐呢？"曾俊熙笑着抛出一个有意思的问题。"我想变成蝴蝶，体验一下破茧成蝶的痛和乐！"赵梓捷马上说道。"我想学蝈蝈，快活地歌唱，当个大自然的歌手，因为现实中的我五音不全，总被人嘲笑。"刘宇涵挠着脑袋说。"是啊，人类有喜怒哀乐，动物们也有它们的喜怒哀乐，法布尔的《昆虫记》，沈石溪的动物小说，电影《别惹蚂蚁》《狮子王》等都向我们诠释了这一点，所以今后我们对待动物也要有悲悯之心，珍爱它们，其实也是善待我们自己。大家有兴趣，可去读读这些书籍，看看这几部动画片。"我顺势引导。

第三个上场的是朱以轩，她介绍的是《好心眼儿巨人》。她首先引导大家展开想象："假如我们来到了巨人国，你会看到什么样的巨人？"于是大家你一言我一语地交流起来，有的说："身体比五层楼还高，眼睛比一间教室还大，嘴巴能吞下一艘船……"有的说："巨人一走路，就像发生地震一样，一只手能把大树连根拔起！"有的说："巨人喜欢捉弄人，一会儿把你举起，一会儿把你放到嘴边，一会儿又把你放进鼻孔中，估计没被吃掉也被吓死了。"朱以轩肯定了大家的想象很大胆很形象，再介绍了书的主要内容及她对好心眼儿巨人的评价，最后，她问："我们周围有没有像主人公这样好心眼儿的人呢？"教室里沉默了，一时之间竟没人举手，我联想到平日里孩子们总是数落别人的不是，却很少肯定别人的闪光点，于是，我说："我们人啊，长着两只眼睛，一只长在前面，专门挑别人的刺，却很少发现别人的优点。一只长在后面，总是发现不了自己的不足。难道你的周围就没有这样的好心眼儿的人？你就没接受过别人的帮助？"短暂的沉默后，有同学陆陆续续举手了，刘谨言说："彭宇轩同学手骨折了，向俊帮他背书包，同桌帮他做笔记，他们都是好心眼儿的人。"我注意观察了向俊，他的脸红了，不好意思地笑了。被人肯定的滋味是快乐的！我趁势又分享了我的工作被领导同事肯定后我愉悦的心情，我还表扬了陈紫涵这个学习虽落后却默默为班级奉献，几乎每天留下来清扫教室的"好心眼儿"女孩。我发现小紫涵的眼睛笑成了月牙儿。我又趁热打铁："孩子们，照顾你的家人难道不是你身边的好心眼儿的人？他们全心全意照顾你的生活起居，你可曾对他们说过一句谢谢？从今天起，要学会对他们说谢谢，我可以打赌，他们一定很开心的！"孩子们纷纷点头。

孟智睿上来推荐了杨红樱丛书之《小白的选择》，我正准备向他发问，没想到我们师生俩心有灵犀，他请同学们交流："小白为什么不选择那家境不错的夫妻俩作主人？"孩子们很快就说出了自己的答案："因为他们不劳而获，是在啃老！"虽回答正确，但思想认识似乎并不深刻。于是，我联系自身和孩子们交流："我有四姊妹，父母把我们拉扯大，送我们读书并不容易，所以长大后我们一个个都很独立，从不想去索取父母的钱财。但有一天我儿子突然说了一句话，说我们的将来都是他的，他的不一定是我们的。他很坦诚地道出了当今一部分人的真实想法。我们每个人有手有脚，应该靠自己的努力奋斗，而不是像寄生虫一样依附于父母！这是最让人瞧不起的，所以小白果断放弃了这对夫妻作主人。"孩子们若有所思地点了点头。

接下来，刘谨言推荐了《老人与海》，大家又交流了对经典名著和生活中"硬汉子"的认识；刘宇涵推荐了《怪老头》，他引导大家分享给自己影响很深的"怪"人；汤涛推荐了《水浒传》，他与同学合作表演了"拳打镇关西"后让大家交流如何看待身边这样的欺凌事件……

一节课，短短40分钟，孩子们毛遂自荐，互动交流，思维的火花在交流中碰撞……

本次分享活动，学生积极参与，在古今中外经典书目中精心选择自己喜欢的书目，有的深入阅读并撰写读后感，有的制作展示课件，有的绘制思维导图表达读书见解。学生们从"读过"到"读懂"提升了理解能力，从"读懂"到

"读出"锻炼了表达能力，在阅读中发现自己，认识自己，遇见更好的自己。

读书是灵魂的碰撞、智慧的启迪、情感的共鸣！阅读促进孩子们的成长，书香浸润孩子们的心灵。孩子们在阅读活动中，收获丰富的阅读体验，与智慧为伍，和快乐相拥，收获了一段不同凡响的人生体验！

腹有诗书气自华，最是书香能致远。伴随着飘摇细雪，每个孩子都以各自极具创意的展现形式，让思维碰撞产生的火花温暖了这个寒风凛冽的午后。

（此文发表于湖南"阅读·梦飞翔"官网）

小教室，大发展

谭腊元

沐着朝阳，披着晨风，听着鸟鸣，我踏着轻快的脚步走进了学校。推开熟悉的教室门，看着眼前现代化气息十足的教室，我脑海里不由闪现出几幅模糊又清晰的画面来……

20世纪80年代，寒风刺骨的冬天，我们坐在四处漏风的教室里，寒号鸟一般蜷缩成一团，伸出满是冻疮的手，哆哆嗦嗦地做着笔记。那薄薄的报纸或塑料薄膜总是遮不住窗外的寒风，天晴还好说，若是下雨或下雪，可怜我们这些孩子，家贫没有伞，只能披着塑料薄膜；家里雨鞋不够，不得已练出了"踩高跷"的技术。有一次技术未到家的我一脚踏空，踩进雪沟中，双腿全湿了，却还咬牙支撑着到了学校，幸亏老师生火让我烤，冻僵的腿脚才缓过来。教室的黑板是水泥刷上油漆，有的地方油漆已经斑驳或剥落，需要花好大力气才能看清老师在黑板上的字，一节课下来老师头上和衣服上已"白雪纷纷"。我和同学共坐一张桌椅，写字时胳膊有些施展不开。

90年代，我中师毕业回到母校任教，桌椅板凳从木质的变成了铁皮的，桌面平整了，低矮的平房变成了教学楼，窗上安装了玻璃，只不过那窗扇在风雨中吱呀吱呀地唱歌，让人心烦，有时玻璃会被风雨打碎，请人安装玻璃成了家常便饭，久而久之我也成了安玻璃的行家里手。教室后面有了一块油漆的黑板，供学生办报用，小小的一方沃土，却也培养出了许多的绘画能手。一支笔，两手灰，粉尘常让我的嗓子发痒，有一段时间我还真怀疑自己的职业选择。

21世纪初，我调到了乡镇中学。学校教室窗明几净，教室外面青松掩映，倒也清幽雅致。课桌由学校统一配置，窗户是推拉式的，再也不会风声、雨声、玻璃声响成一片了。学校有了一间多媒体教室，我经常带孩子们去领略信息技术的神奇。多媒体为孩子们打开了一扇神奇的窗，老师的授课方式已不再是一支粉笔，一本书，学生的兴趣更浓了，只可惜屏幕不大清晰。

而今我调入了南县实验学校，这几年学校兴建了三栋教学楼，教室里现代化气息扑面而来，每一间教室都有先进的硬件设施，液晶触摸白板一体机，互动式"希沃交汇白板"，教师只需用电子笔或手指轻轻一点，海量的现代教学资源就可随你选用，能让教学更快捷方便，也能带领孩子们轻松地遨游于各科知识海洋中。同时教室文化布置也体现了新式教育理念——绒布板报、图书角、生物角、卫生角都统一设计，既整齐划一，又有各自的艺术性和文化性。孩子们下课了，可根据各自的兴趣爱好看课外书、观察植物、课间游戏……学习和娱乐都是多姿多彩！

一花一叶看世界。小小教室，时代发展尽显其中！感谢伟大祖国，真庆幸我们生活在这个美好的时代！

（此文发表于"学习强国"平台）

一个"后妈"的开学日志

谭腊元

从开学到现在，我每天都忙得不亦乐乎，以至于有天我刚到教室，我的丈夫竟哈欠连连打电话问我昨晚回家没。想来也是，接手一个新班，新的学生、新的家长、新的同事、新的搭档……一切都需要去适应，再加上开学后课题工作的开展，我真是有点儿焦头烂额的感觉。也许从孟校长宣布我接手1705班开始，我就没好好欣赏过朝阳和晚霞了吧。

俗话说，知己知彼，方能百战不殆。8月30日，我从孩子们的"亲爸""亲妈"——原班主任刘老师和徐老师那获得了很多关于孩子们的信息资料，迅速进入班级家校联系群，按孩子们性格差异、性别、平日表现进行编组，制定新的班规和小组竞争机制，并公布在班级群里，让所有孩子和家长都能快速了解和适应我这个"后妈"的教学方式。

9月1日，我又联系几位得力的家长，赶在孩子们开学前将新教室里里外外打扫得干干净净。教室玻璃锃亮，地板洁净，课桌整齐，虽是第一次打交道，但家长们的热心和主动，让我十分感动，仿佛为我那颗焦灼的心输入了徐徐清风……

9月2日，孩子们坐在焕然一新的教室里，看着陌生的我，眼里充满了好奇与质疑，当然也有对"亲妈"的不舍。我知道"后妈"不好当，但我相信，只要我用心教学，用爱沟通，从严要求，"后妈"也会变"亲妈"的。两周的相处，我已能熟练地叫出55个孩子的名字，有些孩子让我印象颇深。

刘谨言，1705班的班长，一个皮肤较黑，眼里泛着智慧的光芒，喜欢足球的女孩。她上课听讲认真，作业工整，才艺出众。教师节的祝福卡，她的设计是一束清新淡雅的花，绿叶衬着红花，祝福语也别出心裁："也许我不是您最好的学生，但您永远是我一生中最尊敬的老师。"她还精心制作了祝福视频，发在了学校公众号上。她办板报，一丝不苟；她报名"三独"，一选即中；她当路队长，口令洪亮，威严自在；她负责值日，严肃认真，效果显著。尤其是昨天她那一组轮值，以前别的孩子拿起扫把画几个"大"字就回家了，她却组织大家把教室打扫得干干净净，甚至连玻璃都擦得透亮。最可贵的是她上进心极强，昨天的午读好书推荐我点评了她的不足，她立马羞愧地对我说："谭老师，我这周改进，下周再进行，好吗？"真不愧是1705班的好班长，大家的学习楷模！

刘宇涵，一个皮肤黝黑，脸上常挂着阳光般治愈性的微笑的男孩。他爱动脑筋，老师的问题刚出炉，他的眼珠咕噜一转，手立马就举了起来。他幽默风趣，你瞧，作文课上他分享的他与心爱的动物——"忍者神龟"的故事，妙趣横生，让同学们忍俊不禁，掌声连连。他爱踢足球，那一身黑得发亮的皮肤，便是他对足球钟情的铁证，只可惜这小子有点儿懒，有几次竟然把老师布置的作业给忘到九霄云外去了，宇涵，你可要好好加油哦。

走进1705班教室，如果要看谁的坐姿最端正，听讲最认真，那肯定是胡振祺。他是一个留守儿童，但这孩子上课十分认真，不管是老师讲课还是同学发言，他的耳朵都竖得笔直，目光专注，倾听的姿势最美！他能准确无误地复述你讲的内容，孩子，你知道吗？自律的孩子将来一定是最优秀的！

还有作业书写一丝不苟的朱俊蓉、田忻益、涂佳欣、严静姝、刘秭瑶、李思雨、成芷晗、曹绎雯、朱以轩、孙子怡等，有发言声音洪亮的汤涛、成芷晗、曾俊熙、向俊、张亚豪、黄俊韬、刘梓荃、孟智睿、胡澎涛等。老师心中可是为你们点赞了无数次哟！昨日班会课上获得"半月之星"奖励的有刘谨言、刘语欣、谢玄琳、刘宇涵、刘梓萱、周子予，你们知道吗，奖品，谭老师可是煞费苦心准备的，是刊登了我带的实验学校教育集团第1届毕业生参加"湖南省小学作文现场大赛"获奖作文的刊物杂志。它可饱含着我和你们的哥哥姐姐对你们的爱和期望，你们可要认真阅读，好好学习呀！

在今后的日子里，老师期待：

55个孩子的作业，书写工整漂亮，发现错误及时纠错，不让错误过夜，尤其是小熙宸和小嵩光的作业会出奇地整洁；

55个孩子的背诵任务能齐刷刷地及时完成；

55个孩子上课时紧盯着老师和黑板，聚精会神，积极思考，认真答问……

孩子们，老师相信这一天会很快到来，是吗？

一个都不能少

——浅谈接手"烫手山芋"如何加强班级管理

谭腊元

2018年9月1日我接手了一个"烫手山芋",该班由于老师更换频繁,成绩在学校同年级6个班中垫底,而且行为习惯差到老师们谈此班色变。

接手第一天我特意起了早,赶到班上,已到了不少学生,但都不进教室,全在走廊上看风景。学生们见到我倒是很有礼貌地打招呼,却没有半点进班早读的意思,我忍住怒火招呼他们先进教室。

小孟是个机灵的男孩,逢人便热情地打招呼,刚开始我还觉得这个孩子挺可爱的,不过一上课我就发觉他的"机灵"全用在"歪门邪道"上了——不是在前桌同学背上贴"乌龟",就是在同桌的屁股下放橡皮泥,更有甚者,稍微认真听课,便插嘴多舌,然后引得几个"小跟班"哄堂大笑。

经过一个星期的"明察暗访",我终于弄清了班风问题的根源在于一部分同学基础差,得不到及时的关心和帮助,于是"破罐子破摔",弄得大家都学不好。一部分成绩较好的同学怕得罪这部分学困生,担心遭到报复,以至于纷纷想转校。

为此我采取"抓两头促中间"的策略,先召开班级前1/2学生开会,激发学习热情,并让他们分别担任10个学习小组的语、数、英小组长,然后与他们逐一谈心,帮他们找到学习方向。每科组长互为竞争对手,还让他们各收一个成绩稍落后的"徒弟",师徒结对,并且捆绑式评价。其次,我利用班队课告诉他们团队精神很重要,作为班集体,学习是大家共同的任务,一个都不能少;

并精选了班干部，让他们认真负责班级各项日常事务。

接下来准备家访，争取家校合作。在家访前我约法三章：第一，每个同学家都会去，一个也不少；第二，我绝不告状，主要了解学生在家里的学习情况；第三，到家后由学生负责接待，不麻烦家长，而且强调我吃过午饭后再去，绝不给家长添麻烦。

我有意识地先去了几家成绩好的学生家家访，也顾及了中等生，对"捣蛋大王"小孟的家访特意安排在了他较少捣蛋的那几天。寒夜里，天空飘着微雨，小孟家住在郊区，我如约而至，老远就看见小孟穿着拖鞋打着伞站在门外迎接。在与他的妈妈的闲聊中，我了解到了小孟是家中的老幺，全家人看得重，姐姐们都已经大学毕业，爸妈经商，没人管他的学习。我向家长表扬了小孟，这孩子特别有责任感，比如班级卫生打扫很彻底，班级牛奶提取很及时、分发准确，对老师特别有礼貌，是个情商很高的孩子。家长很惊讶，因为从幼儿园到现在，所有老师中只有我表扬过他儿子。小孟刚开始有点儿紧张，后来看到我没有告状，还很真诚地表扬他，于是慢慢地和我亲近了，此后班上苦活、累活，他都主动抢着干，学习任务也能按时完成。我把他和那些成绩较差的孩子安排在讲桌前第1排，告诉他们老师特别关心他们，要对得起这么好的座位。

最后我还利用网络平台"钉钉"规范孩子们假日的学习，进行阅读打卡、古诗背诵打卡，用微信群及时总结表彰，告诉他们表现优秀者将获得老师的一份神秘礼物。为了保持神秘性，还叮嘱收到礼物的同学不能相互告知，并期待收到礼物的同学可以回礼。其实"礼物"就是我为每一位孩子书写的情真意切的书信，孩子们收到我手书的来信很是惊喜，并认真地给我回信，表明努力的决心。

通过班委会"一帮一"，团队凝聚力增强了；通过个别谈心，有的放矢，解决了棘手问题；通过家访，家长与老师达成共识，形成合力；通过网络平台规范孩子的日常行为和学习习惯；通过书信交流增进师生情感，消除隔阂，明确努力方向。

一年过后，我班在县局期末大考中获"县级优秀班级"荣誉称号，语文、数学两科平均成绩均进入全县先进行列。

一个都不能少，一个也不能落伍，这就是我的教学追求！

一个苹果

谭腊元

送走了九年级学生，为了儿子，我一咬牙，参加招聘考试进了城区实验小学，接手了一年级语文，并担任班主任。每天孩子们睁着那水晶一样无邪的眼睛看着我，我心里也被他们的纯净洗得无尘。

一大早，刚把教室门打开，刘星宇小朋友就把一个又大又红的苹果送到我面前："老师，给你！"

"谢谢，老师不吃，你自己吃。"

"我还有，你吃了吗？"她朝我晃动着另一个苹果，那期待的眼神，让我读到了什么叫盛情难却。

"那谢谢了。"

自从做了一年级班主任，就常常有很多小朋友送东西给我吃，苹果啊，橘子啊，糖果啊……反正都是他们心里认为最好吃的东西。不吃，学生也一定要给，收下了，学生一天都很开心。

记得有一次，我开玩笑说："只送给谭老师，李老师会生气的。"第二天开始，他们再拿好吃的，都是我和李老师各一份了，也许对低年级孩子来说，这是他们对老师的爱最直接的表达方式吧！

这个刘星宇，皮肤黝黑，大眼睛扑闪扑闪的，衣着朴素。爸爸妈妈常年在外打工，家里也不富裕，平时我很少见她带东西来吃，更别说买零食吃了。我举着苹果问她："谁给你的苹果啊？""昨天我生日，小姨送的。我带了两个，一个给您，一个给自己。"

我心里格外甜蜜，我把它放在办公桌上，红红的苹果，就像刘星宇那红扑扑的脸蛋。苹果已经熟透了，散发着淡淡的果香，我一边批改作业一边不时地凑到苹果上闻闻，觉得我所有的疲劳都消散了。

谁给他一片爱的天空

谭腊元

他，叫小强，是个让人心疼的孩子，乍一看你会觉得这孩子长得虎头虎脑、结实可爱，但再仔细一瞧，你就会察觉到他的眼睛里有一层不属于这个年龄段孩子的迷茫无助。

如果你走进他的生活，你会为他感到心痛。他父母离异，而且母亲离异后因交友不慎，吸了毒，现在不知在何方；父亲也因无所事事，把一百多万的家产败光了，据说也沾了毒；外公外婆、爷爷奶奶也于近几年相继去世……这孩子就像一棵无根的小草，没有了母爱，也缺少父爱。

我每天都在担心，孩子，你吃了早餐没有？你的中餐又在哪儿吃？你的学习谁为你辅导？晚上，又是谁为你盖上蹬掉的被子？你孤独时又是谁陪你说话？转眼又是春天了，你的春装准备好了吗？

有几次你的座位空着，你的父亲手机一直关机，老师便一直悬着一颗心。见你来了，不忍责备，赶紧拉着你的手，把好吃的饼干糖果往你口袋里装，我分明看到你眼里盈满了泪。

昨日，你又没完成家庭作业，我一时气急呵斥你几句，但转念一想，这也不能完全怪你，谁叫你没有一个完整的家呢？但为了你的将来，老师又不得不狠下心来，然后给你讲洪战辉的故事，讲《心得乐》栏目中自立自强的孩子的故事，希望你能明白老师的一片良苦用心！

孩子，希望你在今后的路上，能用坚强撑起自己的天空，希望你的父亲能早日浪子回头，也希望社会多给你一点儿爱！

爱心信箱（一）

谭腊元

亲爱的冷焰超同学：

你好！

收到老师的来信，你是不是觉得很奇怪？其实老师很早就想给你写信，有很多心里话想对你说。

我们能成为师生也是一种缘分，你是个聪明机灵、上进心很强的男孩。我喜欢你上课时认真聆听的姿态，喜欢你高高举手积极回答问题的样子，喜欢你上台参与活动时落落大方的举止，喜欢你每次考试力争上游的倔劲，喜欢你晨读时收数学作业时的认真负责……你看老师一连数出了好多对你的喜欢，在158班众多的男生中，你是让老师非常欣赏的孩子之一。

你记忆力好，理解力强，学习自然感到很轻松。别人花了很久才能背下的课文、语段，你很快就能背诵，是咱班当之无愧的"背诵明星"，这一点也足以让你能轻松地面对未来的学习压力，好好珍惜自己的天赋吧，孩子！

但金无足赤，人无完人。亲爱的焰超同学，你是不是觉得老师平时对你的批评很多？其实爱之深，责之切，老师希望你这株小树苗在成长过程中能笔直向上，不要横生枝杈，老师要协助你把那些影响你成长的"旁枝"砍掉！

你好胜，也表现在你与同学关系的处理上总有不和谐的音符出现。不知道你听说没有，今年高考考场上一个女孩把另几个同学的答题卡撕毁，理由是自己没考好，情绪失控，最后这个女孩的高考试卷做零分处理。刚听到这一新闻时，我的心里倒抽了一口凉气。说真的我很担心这个孩子的未来，她需要及时进行心理辅导，否则心理问题很有可能变得严重。焰超同学，聪明的你肯定意识到了老师给你说这个故事的用意。是的，你在生活中有时也控制不了自己的情绪。谁都有不顺心不如意，谁都有着急上火的时候，当情绪上来时，你所做的事情就是大发雷霆。发火不是本事，能在关键时刻不做出格的事那才叫本事。能保持好情绪的人必定也是一个有好人缘、幸福、有成就的人。如果放纵坏情绪，最后的结果是伤己、伤人、伤心、伤身。我们生而为人，必须向上、向善、向美。请记住社会不是你爸妈，没人为你买单，等你犯了错，后悔就迟了。

　　不过老师欣喜地看到你这学期在这方面有了很大的进步。你有很爱你、对你很负责任的父母，从这几天的暑期作业来看，你的学习表现很好，老师为你高兴！今后的人生还很长，父母、老师都是最关心你的人，但不可能陪你一辈子。路，要靠自己走！望你始终做一个向真、向善、向美的人，做一个有理想、有担当、有爱心的男子汉！

爱你的谭老师

2020年7月18日

爱心信箱（二）

谭腊元

亲爱的谨言同学：

你好！

初次拿到1705班学生花名册，你的名字"谨言"让我一见难忘——好特别！我猜你一定是个沉静温柔的女孩，见到本人，果不其然。你性情沉静温和，是幽谷中的兰花、清池里的白莲，总带给人清新舒适的感受，老师好喜欢你哟。

你外表文静，其实内心热情似火，尤其热心参与班级活动。你独具匠心的手抄报绘画作品、你灵动的舞姿、你声情并茂的朗读在各类各级比赛中获奖无数，"优秀班级"的奖状里有你的一份功劳啊！老师交代你的任务，你总是轻轻地答应一声"嗯"，从不嫌麻烦。你的习作有了长足的进步，犹如一股清泉静静地流淌进老师和同学们的心灵，尤其是"没收"等词语的巧妙运用，更是收获了无数的"粉丝"，以至于在班上掀起一股"没收"热，"铃声'没收'了校园的喧闹""哭声'没收'了孩子们玩冰的兴致"……老师惊叹你真是一个善于学习的好孩子，老师真的非常喜欢你哟。

谨言，你还是个善解人意的好女孩，你知道吗？你有时犯了一点儿小错，老师严厉地批评你，那是因为老师希望你更加优秀。你们就像是一株株小树苗，老师希望你们笔直向上，苗壮成长，而不要横生错误的"枝杈"！不过与你一同犯错的同学被批评时哭得稀里哗啦的，而你始终保持平静，脸上波澜不惊，只是静静地聆听，静静地点头。表扬你的时候，你也只是微微抿嘴一笑，不似其他同学欢呼雀跃。面对得失，你宠辱不惊的态度体现了你的涵养，我想今后的你一定可以做到胜不骄败不馁。即使天空愁云笼罩，谨言也一定能笑着面对！

谨言，你多才多艺，每次学校节目选"苗子"，都不会放过你。去年你的《勇气》节目获得了市二等奖，你的习作登上了杂志，你的朗读获得了省级"铜话筒奖"……你的优秀有目共睹，但老师希望你在学习上还可以有更好的发展，练好一手方正秀雅的楷体小字，课堂上思维要更活跃，发言要更大胆！

"腹有诗书气自华"，优秀的人一定是爱读书的人，捧书而读的人是世界上最美的人。只有从书籍中广泛汲取知识的营养，才能让自己的心灵更丰富，让自己的精神更高贵！这样的你举止会更优雅，谈吐会更从容，文笔会更流畅！这样的你才会在课堂上积极答问，而不是过分"谦让"。所以一定要与好书交朋友，让书香充盈你的生活，而且要广泛涉猎各种书籍，潜心阅读，切不可心浮气躁，做表面的阅读。

　　祝
快乐！进步！

爱你的谭老师

2022年9月14日

爱心信箱（三）

谭腊元

亲爱的芷晗同学：

　　你好！

　　提到你的名字，我就想到阳光下的向日葵、荷塘中圣洁的白莲、寒风中怒放的红梅……你让谭老师心里都是喜欢和感动，以至于我在同事们面前自豪地说，如果我们班个个都是成芷晗这样的学生，我教100个也乐意。

　　你成绩优异，但你从来没有在同学们面前炫耀半点，相反你和班级成绩最后一名的同学成为好友，手把手地教他作业，督促他听课，提醒他把字写好……每次看到你尽心尽力地帮扶组员时，我都会被你感动。你的热情善良征服了那些顽固不化的"熊孩子"，让他们从心底里佩服你。芷晗，你真了不起！

　　你的优秀已浸润到了你的灵魂、你的骨子里，你的认真倾听的姿态，你的一丝不苟的作业，你声情并茂的朗读，你饱含真情实感的习作，你流利积极的背诵，你创意多多的好书推荐，你独具匠心的绘画作品，你泼辣干练的工作作风，你认真劳动的干劲儿……你看老师一连数了多少个你的"优秀"，我有时在内心感叹，芷晗这么优秀，甚至羡慕你的父母，要是我有你这么个女儿该多好啊！

　　记得有一次天色突变，你和班长谨言负责"日积月累"的换刊，我本以为你会和其他同学一样赶紧回家，可等到我从办公室出来，你依然在一丝不苟地写字，你再一次让老师为你感动！还有一次，你因粗心写了错别字，我狠狠批评了你，你的眼泪在眼眶里打转，但你拼命地忍住，从此，我再也没发现你作业中有错别字了，你真是一个勇于改错的女孩！

芷晗，马上要升入初中了，哈哈，或许你会被别的优秀老师"抢"去，想到这，老师心中不免有些落寞，若是少了你，1705班就像少了定海神针一样啊！不过相聚是缘，分离是新的开始，老师祝福你！

芷晗，你是一个沉静内秀的女孩，老师衷心希望你不管学习多紧张，工作多忙碌，一定得多阅读。还须广泛阅读经典好书，文学类、科技类、知识类等。广泛涉猎，像潜水员一样潜进去，不要浮在表面，多读多思多悟，未来的语文之路、学习之路将更广阔，你的心灵和精神世界也将更丰富！

祝今后的你更快乐更阳光，也希望幸运之神永远伴随你！

爱你的谭老师

2022年9月16日

爱心信箱（四）：给抑郁症孩子们的一封信

谭腊元

亲爱的同学们：

你们好！

疫情之后回到久违的校园，大家迅速地适应了复课后的生活，老师感到非常欣慰。今天跟大家分享的心理小科普关于"微笑抑郁"，希望能够帮助大家远离抑郁症，享受真正快乐阳光的青春。

"微笑抑郁症"，也属于抑郁症，它的表现和典型的抑郁症不相同，患者整天面带微笑，外表看起来没有什么问题，内心却非常压抑、忧愁。

如何防治"微笑抑郁症"呢？

首先运动疗法是预防"微笑抑郁症"最好的方法，如果每天坚持运动半个小时，即使有抑郁倾向也会很快得到减轻。因为锻炼给人一种轻松自主的感觉，身体的活跃能够有效地缓解情绪压力，身体的健康，也能够使人的神经系统向好的方向发展。请同学们重视学校的体育课，同时也每天给自己半小时运动时间，即便仅仅是饭后围绕校园散散步也行。

其次就是食疗，多吃一些新鲜的蔬菜、水果，因为水果当中含有非常丰富的维生素，可以缓解紧张的情绪，这样的食物有香蕉、梨、樱桃、苹果等。此外就是平时也可以读读自己喜欢的书籍，因为读书让人心灵宁静，心境高远，也是抗抑郁情绪非常好的办法。

最后还有三个心理小贴士：

（1）接纳烦恼和痛苦。常跟自己说这样几句话："我们要记住该记住的东西，忘记该忘记的东西，努力改变能改变的东西，接受不能改变的东西。"

（2）适度向朋友倾诉。关爱与帮助不会自己送上门，因此要主动寻找能推心置腹的人，比如家人、朋友、老师等。内向者可以把想说的话写进日记，这也是一种倾诉方式。

（3）别把自己逼得太狠。抑郁症是一种慢性的心理疾病，它能够蚕食人的内心，让人的精神走向崩溃。得了抑郁症的人，生命就显得没有那么多的色彩，整个生命里都是灰白色，单调，没有激情，闷闷不乐，情绪很低落，做任何事情都提不起精神，并且抑郁症会随着时间衍生出其他并发症，比如抑郁狂躁症等。

同学们还处于青少年时期，很多让大家感到压抑痛苦的事情，常常来自家庭、人际、情感或者其他方面，其中很多是自己无法改变的现状，所以感到特别压抑和无助，老师特别能理解。如果感到自己无法帮助自己，请及时向班主任、信任的学科老师、心理老师以及医院求助，学会求助也是一项重要的能力。

大多数抑郁症患者是闷闷不乐、愁眉苦脸的，而"微笑抑郁症"患者以微笑示人，私下都是不开心的、难过的。同学们，如果感到不开心，不要伪装，去面对自己的内心，让忧愁面向阳光，用关爱去拥抱自己，用行动去解决生活的困难。

祝大家

每天开心快乐！

爱你们的谭老师

2023年2月20日

爱心信箱（五）

谭腊元

亲爱的晓蓉（化名）

你好！

早上你的位置又是空着的，我知道你又"病了"。我看了你的"QQ空间"里发的"说说"以及那触目惊心伤痕累累的手腕的照片，我的内心升起了一股悲伤，我感受到了你的无助，感受到了你对温暖的渴望。此时此刻，我多么希望能给你一个拥抱。

你在学校里是一个阳光开朗的小女孩，整天面带微笑，没有压力、没有忧愁，生活很潇洒。你的外表看上去没有什么问题，没想到你的内心却非常的压抑、忧愁，老师为此感到十分自责。这个寒假，你沉迷于玩手机，没有认真复习，开学的寒假学习质量检测显示你成绩退步了，接着，数学奥赛选拔你也落选了。一向酷爱数学又十分自信的你接受不了这个现实，整天神情恍惚，自怨自艾，抬不起头，进而连学都不想上了，老师真为你担心。

其实老师想告诉你，每个人都或多或少会经历一些挫折、一些坎坷，一定要学会面对。我有一个今年满21岁的儿子，上高中时，他以全校前16名的成绩进入高一创新班。不料班里卧虎藏龙同学个个出类拔萃，他一放松，就落伍了，竟然被踢出了创新班。在高二时，他经历了人生中最艰难的一段时光。他想要逃避痛苦，觉得自己没有任何价值，"未来"这个词语于他而言就像是诅咒一样。他每天晚上都会做噩梦，在学校上着课也会莫名地开始发抖或者流泪，我开导过他，他也尝试过让自己好受一些，但是总感受有什么透明的、坚硬的东西隔开了温暖快乐的一切。

　　是他后来的班主任挽救了他，使他从哪里跌倒就从哪里爬起来。出于对老师的感激，也不想再荒废学业，他振作起来了，以优异的成绩考上了民航飞行员！

　　可命运又给他开了一个很大的玩笑——疫情开始了，民航业大受打击，我儿子前途堪忧。他每天待在家里，不出门，也不愿意出卧室，每天就是睡觉，醒了就玩手机。那些时日，他变得麻木，我们也不知道怎么办。但是渐渐的，他发现玩手机让他更加空虚，他迷茫了，不知自己应该做些什么。后来，我们这些做家长的和学校沟通，他也和他的同学转了专业，重新开始学习。

　　我不知道怎样给你提出意见，也不知道怎样才能将我内心的那份感受传递给你。可是我很想帮到你，所以我想多说一些我儿子的经历，或许你可以从中得到些有用的东西。

　　或许你也可以试一试，让一切回到原点。

　　我相信，你身边一定有爱着你的人，当在我写下这些文字的同时，内心也充盈着对你的爱意。我诚挚地祝愿你，找到你生命的意义。

爱你的谭老师

2023年3月20日

爱心信箱（六）

谭腊元

亲爱的同学们：

互联网如今已成为人们喜闻乐见的学习、交流和娱乐的重要方式。互联网也是把双刃剑，它能成就一个人的未来，也能毁掉一个人的青春。部分同学沉溺于网络虚拟世界，脱离了现实，荒废了学业，消磨了意志，摧毁了自己还妨碍到身边同学。青年人正处于学习的黄金时期，应该把学习作为首要任务，作为一种责任、一种精神追求、一种生活方式，树立梦想从学习开始、事业靠本领成就的观念，让勤奋学习成为青春远航的动力，让增长本领成为青春搏击的能量。

为响应教育部号召，我向全体同学倡议：文明上网、理性用网、不沉迷网络游戏。

1. 文明上网。互联网是伟大的发明，将人类带进了信息时代。我们要利用网络汲取有营养的信息，学习科学知识，增长才干。不浏览非法网站，不造谣、不信谣、不传谣，不发表消极有害言论。

2. 理性用网。充分运用网络优势，吸取知识，加强自律，不沉溺虚拟时空，正确处理好上网与学习、生活的关系，不网贷、不裸聊、不赌博。

3. 不沉迷网络游戏。养成良好的生活习惯，不逃课，不熬夜，不沉迷网络游戏和网剧，每天上网游戏、追剧不超过1小时。

亲爱的同学们，学生时代是人一生最美好的时光，长身体、长知识、长才干，每天都有新收获，每天都有新期待。

文明上网、理性用网、不沉迷网络，从我开始做起。希望同学们珍惜学习时光，多学知识，多学道理，多学本领，热爱劳动，身心健康，茁壮成长，奋力拼搏，不负青春，不负韶华，创造属于自己的未来。

班主任谭老师

2023年4月24日

家校沟通催开一朵迟开的蓓蕾

谭腊元

　　"A老师，要不是您，我儿子就被我亲手毁了！谢谢您，我真后悔当初怎么那样误会您，真对不起！"听到这久违的道歉，我的思绪颇不宁静，前不久发生的一幕幕又浮现在眼前……

　　刚接手这个令人棘手的班级，小军便让我很快记住了，通知单上数学99分，语文却倒数第一；上课带着微笑，笔记却全不做；测试、作文几乎交白卷，却一脸无辜；下课喜欢打闹，又喜欢向妈妈投诉别人欺负他……这真是一个令人头疼的孩子！

　　"不抛弃，不放弃"是我历年来的工作习惯，何况领导信任、家长期望，于是我与他的父母约谈、沟通，想找到问题的症结。初次见面，我了解到父母对孩子教育十分重视，但教育观点有分歧，爸爸比较理性严厉，母亲则过度保护。和家长沟通后，孩子终于开始上课做笔记了。

　　我以为这孩子应该会有所改变。

　　因音乐老师请假，我一连上了三节课，脚都发软了。送完学生出校门，我匆匆拿着包去食堂就餐，还没落座，一个电话响起："XX老师，你是我见过的最不负责任的老师，同学打群架你不处理，我儿子书包被人拿了你也不处理，我给你发信息你也不回，你怎么配当老师？"是小军的妈妈！一连串的指责，让我莫名其妙，一股无名火从心底窜起："我一直在教室，发生这事我怎么可能不知道？"我反问一句。"我儿子不可能说假话，他就是怕你，怕你批评他，怕你罚他，所以才不肯告诉你，你对学生太不负责了！"我头脑

49

一片空白，自从接了这个班，我心都操碎了，放学辅导、个别谈心、冒雨家访，全班语文成绩由倒数第一逆袭到了第三，仅次于两个"电子书包班"，竟说我不负责？我拼命控制自己的情绪，说："下午我调查清楚了，再给您答复吧！""嘟——"她挂掉了电话。

不料，小军妈妈竟利用朋友圈来表达不满："这就是XX小学的XX老师，大家公认的优秀老师，可是我儿子就是在她一次又一次地批评下变成了差生……"遇到这样失去理智的家长，我只能冷处理。

放学再次见到小军妈妈，她眼睛浮肿、头发凌乱，孩子也有点儿惴惴不安。同为母亲，我的火气也消了，看着孩子，我的责任感又上来了，只要为了孩子好，没什么说不清楚的。也许经过了一个下午，孩子妈妈的情绪也平复了些许。我叫来了和孩子同组的同学，小军妈妈从孩子们口中了解到，今日所谓的"抢书"只不过是书被同学拿了又放回来的打闹，所谓的"不回信息"是老师一连站了三节课没时间看放在办公室里的手机……小军妈妈的脸由红到白。至于孩子为什么常向妈妈告状，她的困惑也是我的困惑。解铃还须系铃人，于是我把孩子拉到一旁，搂着他的肩膀轻声问："班上同学和你打闹时你为什么不告诉老师，而要打电话告诉妈妈呢？"小军低下了头，嗫嚅道："我先打了他们，然后他们追我，我怕自己吃亏，马上打电话给妈妈，并且大声喊救命，他们怕我妈妈打电话给他们家长，便不敢追我啦，这一招很好用。"原来是这样，所有人听了又好气又好笑，小军妈妈的脸色这才缓和起来，真诚地向我道了歉，我也向她保证，我会一如既往地待小军，会多多鼓励他的。

此后小军也认识到了自己的错误，态度端正了，接下来几次语文考试竟然破天荒地及了格，这次期末考试还考了85分，这可真是奇迹啊！孩子脸上自信的笑容也多了，小军妈妈感受到孩子的变化，每天都在微信里向我表示感谢！

看到这朵迟迟不见动静的蓓蕾终于开花了，我也由衷地为他感到高兴！

俗话说："人之相知，贵在沟通。"对于一名教师来说，沟通同样具有非常重要的意义。如果没有坦诚的沟通，家长对老师的误会无法消除，孩子的错误也无法发现，甚至会对老师的教育产生抵触情绪。

沟通如一场痛快淋漓的春雨，冲刷掉家校双方的隔阂与误解，然后共同浇灌催开一朵朵蓓蕾！

留守之光

谭腊元

　　"谭老师，我知道了，原来我这么棒！""谭老师，这一百二十个词语我全会写了！""谭老师，我也可以区分它们呢，我好厉害！"眼前三个孩子激动的脸上写满了自信，争着抢着告诉我他们今天的收获。作为他们的老师，此刻我的心里特别欣慰。

　　今天是放寒假的第二天，我却请来了三个特殊的客人——小锦、小轩、小林来家里。他们是我们班学习上典型的"贫困户"，每次语文考试成绩都在二三十分之间徘徊，其他学科成绩也不容乐观。经了解，三个孩子都是班上的留守儿童。其中小轩父母离异，父亲又将其丢给爷爷奶奶，爷爷又因工作长期待在长沙，孩子的学习几乎无人督促，缺乏前行的动力。小锦父母中年得子，将他看作掌中宝、心尖肉，他从小就被惯坏了，现在孩子爷爷又中风住院，爸爸因照顾爷爷不在家，妈妈要上班，所以孩子成了生活、学习都难以得到照顾的留守儿童了。小林的爸爸长期在外务工，他二年级时因病休学一学期，成绩跟不上。三个孩子并不傻，但识字、写字有障碍，每次考试拼写题及"日积月累"默写题几乎都是零分。前几任老师也曾努力帮扶过他们，但效果不大，孩子们学习语文的兴趣几乎为零，远在他乡的家长更是束手无策。

　　因为疫情，虽然放假了，但三个孩子只能留守在家，家长们也不能在身边好好监督。孩子们假日的安全、生活、学习怎么办？习近平总书记说过"扶贫先扶志"，我得想办法先帮他们把学习兴趣调动起来再说。于是我通过电话征得他们父母同意，将他们请到我家里，针对他们的识字、写字困难，免费为他们量身定制了一套解决方案——巧记汉字顺口溜。我将3500个常用字分组，将形近字编成顺口溜，指导他们进行辨析。

短短两个小时不到，他们就掌握了120个词语，才有了文章开头那一幕，这对他们来说可是长足的进步啊！当我把这一幕分享给他们的家长的时候，三个孩子的家长十分激动，纷纷发来语音感谢："谢谢您谭老师，是您的不放弃，才给了孩子希望，也给了我们这个家希望啊！"

其实在做这个决定之前，我也曾犹豫过，我的家人也曾极力反对过，一是因为疫情期间应减少聚集，以防感染；二是怕我再受伤害——四年级刚接手这个班时，小锦家长因误会曾向领导投诉我，将孩子成绩不好归咎于我的教学方法不适合她家的孩子，虽误会解除，但这根刺已刺痛了爱我的家人的心。他们的担心并非毫无根据，可孩子是无辜的，我不想看见父母亲得知孩子成绩时那失神的眼睛、无助的目光，他们就像掉在黑暗枯井中的人，看不到光，多么渴望有人能伸出希望的绳索，将他们拉上去！作为老师，不就是那一道光、那根希望之索吗？

窗外，路灯昏黄，可我心中的灯异常明亮，因为它点亮了三个留守儿童的心，给他们的家庭送去了希望之光！

我的节日，我的舞台

谭腊元

"大王说了，请您从这个洞里钻进去。"一个侍者说道。

"这是个狗洞，不是城门，我要访问狗国，当然得钻狗洞。你们先去问个明白，楚国到底是个什么样的国家？"一个身材矮小的男子不卑不亢地回答。

这精彩的一幕是六一儿童节当日，南县实验学校五年级158班教室"我的节日我的舞台"课本剧《晏子使楚》中的精彩一幕。

六一儿童节来临，因疫情和学校场地受限，校少先队队委改变以往学校统一策划"庆六一"活动的安排，放手让各年级组结合本年级特点开展庆祝活动。五年级老师根据本学期教材特点，决定开展"我的节日我的舞台"课本剧表演活动。

该活动方案宣布后，孩子们一个个摩拳擦掌，兴趣盎然。每个班级迅速分组，确定将《晏子使楚》《猴王出世》《红楼春趣》《武松打虎》《草船借箭》等改写成课本剧，筛选适合的演员，利用周末时间加紧排练。孩子们还充分调动家长的力量，准备服装道具。所有同学不论主演、群演、旁白都粉墨登场，精彩亮相，一个也没落下。

158班受邀家长代表徐芷芊妈妈说："这次活动节目丰富、质量高，既锻炼了孩子们的合作能力，又培养了孩子们自觉主动学语文、用语文的好习惯，孩子们高兴，我们也欣慰。"陈沂汐家长说："起初，孩子们在排练过程中有矛盾、有摩擦，但后来遇到问题能商量讨论着解决，孩子们成长了，我们觉得这样的活动开展得很有意义。"

活动结束后，集团少先队辅导员史纾欣慰地评价道："'六一'是孩子们自己的节日，五年级组践行学校的诗意阅读教育，放手让孩子们走进经典，自主阅读、自改自编、自导自演，真正做到了'我的节日我做主'。"

做一个幸福的耕耘者

谭腊元

尊敬的各位领导，亲爱的各位同人：

我衷心感谢上天给了我一次幸运"中彩"的机会，给了我一次和大家交流的机会。我们136班有68名同学，是个严重超编的大班，教室里挤得要移开学生的座椅才能走路。男生36人，女生32人，男生多，自然调皮捣蛋者也多，无形中又增加了管理的难度。班上有留守儿童27名，离异家庭子女14名，进城务工者子女20名，学生素质参差不齐，管理起来难度较大。

但就是这样一个本该让人头疼的班级，在县局抽考中获得语文第一名，数学也名列前茅，在"三比"中也脱颖而出，被评为"全县优秀班级"。孩子们的才艺和能力也突飞猛进，在县艺术节中，我班共有25人次参加舞蹈和器乐表演，并为校夺得第一名。在南县小主持人大赛中，我班6位选手参赛全部闯入决赛并获得一、二、三等奖，其中杨子怡、颜浩宇和王泽铖还进入省级决赛。在去年的"三独"比赛中，我班刘文希等4位选手获得了骄人的成绩。在"阅读梦飞翔"评估活动中，孩子们出色的"好书推荐及交流"活动赢得梁伟明先生一行人的交口称赞。在县运会上，我班杨子怡获得跳绳比赛第一名，秦彬城、陈颖瑄在县田径比赛和市级足球比赛中都是主将，表现不俗。学校的各类大型活动，几乎都由我班学生担任主持。我为咱班孩子的不俗表现感到骄傲和自豪，也认为自己的辛苦付出是值得的。连孩子们都自信地说："我们136班能文能武，人才济济！"这虽有点儿自夸，但也体现了孩子们的自信以及集体荣誉感。为什么能取得如此优异的成绩呢？下面，我来谈一谈我的几点做法。

一、加强小组建设，促进学生成长

"鹰击长空，百舸争流"是我对班级学生健康成长的愿景。为了激发孩子的上进心和竞争意识，我把68名学生根据男女生比例、成绩优劣及性格互补原则，分成了10个小组。我确定好组长后，让他们自己定好组名、目标、口号、组规，每组组长和副组长轮流值日。从到校晨读、午读交流、上课表现、作业完成、两操纪律、佩戴标志、卫生保持、好人好事等方面进行量化计分；我还将小组名贴在黑板一侧，随时将小组表现量化于黑板上，这大大激发了孩子们的课堂积极性；值日生再将典型事例记载在班级日志上，每天放学时进行总结，将情况公布于家校联系QQ群。表现最差小组，实行劳动惩罚，最佳小组，精神奖励和小小物质奖励相结合。一周一小结，一月一评比。

每次放学时，孩子们脸上都写满了紧张与期待，"争星表"不是普通的表格，而是每个小组一天、一周、一月表现的"晴雨表"，是每个孩子用自己双手绘制的"星座图"。每一颗星星都闪耀着绚丽迷人的光彩。例如，早读背诵课文，孩子们积极性高涨，谁落后了就相当于为小组抹了黑，所以有的同学下课时间都抢着要背书，去为小组争得一颗星。这样的学习氛围，何愁成绩上不去呢？

为了增强小组凝聚力，我多次开展以小组为单位的活动，如在语文"热爱汉字"活动中，我让孩子们合作分工，收集、整理、编辑有关汉字的历史、字谜、趣话、歇后语、谚语等，并走上街头，收集标语广告牌中的错别字，然后利用班会课汇报展示。小组齐心协力，空前团结，有的展示手抄报，有的自编笑话，有的表演小品，有的展示书法艺术……小组凝聚力得以增强。每周一次的班会队会课就是孩子们展示自我的舞台，我和辅导员符老师会提前把任务告知组长，组长组织组员群策群力，于是，每一次别开生面的班会队会中，一个个"汪涵""谢娜"诞生了，孩子们的胆量提高了，自信增强了，才能发展了。这不正是我们教育工作者期待的吗？

二、营建良好班级环境，促进学生成长

教育家冯恩洪说："环境是一种教育力量，我可以叫我的学生不随地吐

痰，这是一种教育，但是我还应该创造一种环境和气氛，使学生不好意思随地吐痰。我可以教学生勤奋学习，我还应创造一种氛围，使学生置身其间，不学觉得愧对老师，愧对学生。"这是一种更高层次的教育，这种教育就是营造良好的班级文化。

走进很多教室，布置堪称精美，但细一问，或许这种布置已经保持了很久，一个月，半学期，甚至更长时间。这样的教室布置，正如一潭死水，学生的心里泛不起半点涟漪，成了没有生命的摆设。

"流水不腐，户枢不蠹"，教学环境布置不能是凝固的音乐。我和孩子们约定，让我们的教室成为潺潺流淌的小溪，不断给我们新的营养、新的风景。如"作品展"专栏，不断展出的是孩子的作文、书法、绘画、小制作作品。"丰收果园"专栏采用的是填充式更新，即随时把孩子取得的不俗成绩和为班级争光的事迹以及照片制成"小苹果"，贴在"丰收树"上，这种补白式的操作留给更多的学生期待、希望和机会，起到了很好的暗示和激励作用。教室前面的图书角里摆满了孩子们从家里带来的中外名著，整个班级充满了浓浓的读书气氛。教室后面的黑板报更是根据学校的主题活动进行两周一更新。讲台下设有"聚宝盒"，有的学生拾到钱又找不到失主时，便存入"聚宝盒"，还有的学生将自己节省下来的零花钱也存入其中，有的学生将班级中的废品卖掉，将所得收入也存入其中。当需要添置班级活动用品时，当有人取得成绩需要表彰时，"聚宝盒"便献出了它的爱心。"聚宝盒"培养了孩子们拾金不昧、勤俭节约的精神。这样的教育环境才更是引领孩子们成长向上的灵动、诗意、执着的"水"文化。

三、利用网络空间平台，促使学生成长

"三比"活动开展以来，我巧借"南县教育云平台"和"家校联系QQ群"，形成教育合力，促使学生成长。

我常利用空余时间向学生介绍南县教育云平台的多样功能和海量资源，尤其是孩子们感兴趣的"天闻数媒图书馆""闯关模式背单词"等。兴趣是最好的老师，孩子们个个跃跃欲试。

我喜欢做生活的有心人，常将美文和日志分享给孩子们看；用手机拍下

孩子们学习和活动时的精彩瞬间，并分门别类传至班级空间，如咱班"小书虫"、课本剧表演、午读掠影、好书推荐、"我是小小推销员"、庆元旦、艺术节表演、"足球小子"、爱我家乡、感恩老师、快乐劳动等。我还把"班级文化""丰收成果"作为专栏，作为一一展出孩子们自己设计的班级文化栏，同时也展出了他们参与一个个活动的获奖证书。我告诉孩子们，班级空间和自己的个人空间记载的都是他们童年成长的足迹，将成为他们永远的珍宝，长大也可随时进入平台回味，何乐而不为呢？

在个人空间建设方面，沈川航同学做得最好，因为他有一个非常负责任的父亲，再加上沈川航同学不仅成绩优异，而且多次参加各项活动。他父亲是个有心人，指导孩子分类整理好寒暑假中的各类实践作业，并将参与围棋大赛、微电影拍摄的相关视频、照片及日志作品上传至个人空间。这样优秀的家长资源，能不能好好利用起来呢？我请他在家长QQ联系群中指导其他家长，家长再指导孩子。可敬可爱的家长们经常在群里分享指导孩子建设空间的经验，孩子们也纷纷上传自己的美文、美照、读书心得、生活感悟，并经常互访、点赞。在优秀者的带动下，我班雨后春笋般地又涌现出一批空间建设的佼佼者，在上学期南县学生个人空间建设评比中，本班有一人获一等奖，五人获二等奖。

培优辅潜是我们教学工作的一项重要内容，学生的"优"与"差"不重要，关键在于如何去"培"和"辅"。选择适当的方法与方式去鼓励学生，尤其是潜能生，让其有兴趣、有动力去学习。我利用"南县教育云平台"和"家校联系QQ群"，大张旗鼓地表扬他的进步，哪怕只是一次大胆的举手，哪怕只是一次工整的书写。对于学优生，更是不吝啬表扬的机会，孩子们每取得一次成绩，都能在所有同学和家长面前得以分享，前进的动力更大了！

四、凝聚教师团队合力，促使学生成长

俗话说，众人拾柴火焰高，我班之所以能取得好成绩，与全体科任教师团结合作是密不可分的，与五年级组的智慧团队是分不开的。数学老师兼辅导员符丽元老师，是学校数学教研组组长，是数学老师的楷模，教学水平是一流的，在班级中也极力配合分担班主任工作。班级大小事务、班级文化建设我俩都是先商量，然后才付诸实施，从而使我班在班级管理和建设、班级成绩上都

取得了骄人的成绩。

班上的一些调皮生、潜能生往往活泼好动，有的喜欢运动，有的喜欢唱歌，有的喜欢跳舞，我趁机联合艺体教师与他们协定，他们可以在课程结束后，参加体育运动兴趣小组（尤其是他们最爱的足球、篮球），可以参加学校舞蹈队、声乐小组，但前提是必须完成好当日学习任务，他们也乐于接受。这比单纯的压制性学习不知强多少倍。

每每遇到班级棘手的问题，教学重点和难点的突破，我们年级组老师都是坐在一起交流讨论，有什么金点子从不藏着掖着。我们统一进度、统一教学思路、统一考试、统一班级管理。记得去年第八单元活动作文教学时，我提议班级开展拔河比赛，三个班的老师都举手赞成。体育老师胡健帮我们制定比赛规则，雷老师帮忙当裁判，语文老师和数学老师组织学生有序比赛。在比赛中班级凝聚力增强了，有体验就有收获，那次作文质量空前地高。团结力量大，在期末考试中，我们年级在全县名列前茅，在学校活动中，我们五年级也是生力军，每一个孩子都成长得很快。

总之，如果把班级比作一块农田，班主任是一个耕耘者，那么必须勤奋劳作、科学管理、巧借东风，才会成为一个幸福的耕耘者！

最后再次感谢各位领导的关心和同人的帮助，也感谢你们有耐心能听我这沙哑的啰唆，祝各位工作顺利，万事如意！愿新的一年，幸运伴随您！

好家风就是一所好学校

谭腊元

家庭是圃，孩子是苗。家风如雨点，它随风潜入夜，润物细无声，小苗只有在雨露的滋润下，才能健康成长。

一、阅读

我的父亲母亲都爱看书，也常教导我们："读万卷书，行万里路。既然你们还小，无法做到行万里路，那么你就要立志读遍万卷书！"父母的教诲，也让我从小与书结下了不解之缘。虽然那个时候，书是奢侈品。但父母宁可节衣缩食，也会千方百计给我们借书或买书，并为我们专门设了一间书屋，因此，循着书香而来我家借书的小伙伴也络绎不绝。

记得小时候，爸爸的朋友来家里做客，一进家门就看到我——一个扎羊角辫的小丫头捧着一本比自己还大的《隋唐演义》看着，一丝不苟，未免有些忍俊不禁，便和我开玩笑道："小朋友，这书你看得懂吗？"我没有反驳，而是把这一页摇头晃脑地讲了出来。讲完后，只见那个叔叔目瞪口呆地看着我，好一会儿才反应过来。

在书中，我也学到了很多：《包青天》让我学会了公正；《赵一曼》让我明白了坚强；《红岩》让我懂得了什么是信念；《封神演义》让我在朦胧中明白了执政者要仁爱……

转眼间，那个手捧书本长大的我成了母亲，我的孩子也在书香氤氲中成了"腹有诗书气自华"的翩翩少年了。

二、清廉

20世纪80年代，父亲是乡村学区校长，中共党员，官不大，但权力也不小，统管辖下六所小学老师的调动、评优、晋升、职称评定。经常有老师想走"后门"，有时也会送点儿"小礼"给父亲，可父亲却不徇私情，"礼"一律会退还给人家，工作绝对公平公正开展。有一次，有一位老师为感谢父亲，趁父亲不在家，送来自家塘里养的一条青鱼，久未沾荤腥的我们求父亲留下鱼，让我们改善生活，但父亲依旧固执地把鱼退回去了，并且告诫我们："记住，吃人嘴软，拿人手短，工作不好开展！"为此我们还赌气好久不理父亲。但也正因为这些潜移默化的影响，我们四姐妹也都个个爱岗敬业，清贫自守。

如今，我也成为一名党员教师。每接一个新班，我都会进行家访，为消除孩子和家长们的顾虑，我都会在班上宣布，我去家访，只需孩子端上一杯清茶即可，其他招待一律免去。有一次，从小凡（化名）家家访出来，小凡的母亲出于感激，出门送时悄悄塞了一个红包放我包里，我回到家整理包时才看见。此时外面已经下起了大雨，大街上少有行人，只有几辆的士在拉客。我脑子里再一次想起父亲说的那句话——"吃人嘴软，拿人手短，工作不好开展！"看出我心思的老公打趣说："走，我陪你去退还红包，不然你今天会睡不着觉。"到了小凡家门口，我把红包悄悄放在她家门口的鞋柜里，再发信息告知她。像这样拒绝家长感谢的"红包"和"宴请"的次数，我自己都数不清了。有一次一位刚转入我班的孩子的家长拜托我已退休的恩师，想接我吃顿便饭，我笑着说："老师，您若不想您的学生犯错，就免了，我一定会好好教导孩子的，您让孩子家长放心！"也许我的"廉"名在家长群中被广而告之，之后我再家访，孩子们都清茶待客，家校沟通更自然了！

三、善良

父亲不仅教导我们爱岗敬业，清廉自守，还教导我们热心待人。他常说，人都会遇到坎儿，能帮一把就一把。无论男女老少，村里人都亲切地称呼父亲为"汉哥"。谁家孩子没钱交学费，找父亲定能解决，谁家生病急等钱，父亲带头捐款。记得村里姚大伯曾自恃有两个儿子，嘲笑父亲生不出儿子。有一次他的小儿患病急需救命钱，父亲得知后，立马主动捐出自己的一个月工资，还挨家挨户为他筹款，姚大伯既羞愧又感动，逢人便说："汉哥是好人啊！"后来，父亲因突患脑出血走得匆忙，我们竟还陆陆续续收到寄给父亲的感谢信和还款，这时我们才知道父亲竟还在外面资助了这么多人。

受父亲影响，我从教至今，帮助过的学生自己都记不清有多少了。刚参加工作时，虽工资不高，但替家庭困难的孩子交资料费是常有的事，以至于有时生活费还要找老母亲接济。母亲常叹着气摇头说："你父亲这样，你也这样！唉！"记得我刚调入南县实验学校，班上有一个学生叫小军，父母吸毒，自顾不暇，孩子的爷爷奶奶、外公外婆均不在世，只有一个再婚的叔叔。孩子成了无根的浮萍，怎么办，怎么办？看着孩子那无助的大眼睛，我把孩子领回家，负责他的学习和生活……去年，孩子打电话向我报喜："谭老师，我考上师范了，我也要成为您这样的老师！"电话那头，孩子喜极而泣，电话这头，我也泪流满面！我想，将来的小军一定是个优秀的人民教师！

家风如春雨般一直潜移默化地滋润着我、影响着我，家是小小国，国是大大家。家是人生的第一个课堂，家风是社会风气的重要组成部分。党的十八大以来，习近平总书记高度重视家风问题，多次强调"不论时代发生多大变化，不论生活格局发生多大变化，我们都要重视家庭建设，注重家庭、注重家教、注重家风"。这些重要论述赋予家风建设以新的时代内涵，为新形势下家风建设注入了新的血液。

"一家仁，一国兴仁；一家让，一国兴让"，家风好，则族风好、民风好、国风好！

阿姨一定为你当导游

谭腊元

"阿姨，听同学说南县很美，寒假我要到你们那里来玩，欢不欢迎？"一个稚嫩的声音从电话那头响起，是八岁的侄儿从广州打来的电话！顿时，我内心思潮起伏，颇不宁静。

曾经，每逢节假日，我都会收拾行装，携着儿子去南县周边省、市、县旅游，只想赶紧逃离这个小县城——狭窄的马路，堵塞的交通，脏乱的市场，污臭的河水，支付的不便……让我对她实在爱不起来。而每次收假归来，我心头涌现的是对家乡更多的埋怨，幸福指数几乎为零。

可这几年家乡的变化实在太大了，她像一位少女洗去了脸上的铅华，露出了美丽容颜，开始让世人对她刮目相看。

一个薄雾飘散的清晨，一直蜗居在家很少出门的我信步走在东堤尾上。哇，何时修建了这么宽的柏油马路？潺潺的流水声把我引到了河边，河水真清！我用手轻轻捧起它，洒在脸上，柔柔的，软软的，滑滑的，啊，好舒服！我情不自禁地掬了两捧，喝进了嘴里，河水是那么甜，那么纯，如瑶池琼浆般。可爱的鱼儿，正迎着朝阳成群结队地在小河里嬉戏、玩耍，在杨柳垂岸、清风习习、微波荡漾的世界里，它们正享受着幸福的生活呢！

我的思绪飘散着，几年前河边可是成堆的垃圾，路人见了都会说："脏，臭！"孩子们也不愿意来河边玩，连鱼儿都不想在这安家。

一股浓郁的花香随风而来，我闻香而去，"欢迎来到罗文花海"的巨型花卉雕塑出现在眼前。放眼望去，村舍俨然，阡陌交通，一排排小楼整齐划一，红瓦白墙，许多小楼外墙"爬"满了惟妙惟肖的3D涂鸦，让人觉得如同走进了一个绚丽多彩的童话世界。花团锦簇的格桑花，喷薄如焰的鸡冠花，争奇斗艳的郁金香，栩栩如生的3D涂鸦，成为村子最亮丽的风景线。你看，一个小伙子正在用稻谷戏耍着"猫头鹰"，不好，脚下是"万丈深渊"！前面那只"脱毛的鸡"也真够挑逗人的！快看，那条"大蛇"快破壳而出了，这只"龙虾"真大，一个人都拉不动……这神奇的3D涂鸦，真是新奇有趣呀，我完全被迷住了。

"谭老师，您怎么有空来这玩啊？"我扭头一看："你，你是——？""我是小敏的爸爸呀。"哦，原来是我从前的学生的家长。五年前的那次家访，让我印象深刻，小敏在校表现木讷，全然没有这个年龄段孩子应有天真烂漫，他到底生活在一个怎样的家庭？出于良知和责任感，我走进了他的家——一个低矮的瓦房。小敏的爷爷患风湿性心脏病，奶奶中风瘫痪在床，家里只有几分薄地，收入太少，母亲被迫外出打工，老实木讷的父亲既要照顾双亲，又要照顾两个年幼的孩子，看见我们久久不吭声，只是叹气，叹气……他那黯淡无光的眼神，在我的脑子里久久挥之不去。可这……是小敏爸爸吗？眼前的他一身笔挺的西装，红光满面，精神焕发。见我一脸疑惑，他忙盛情相邀："谭老师，看，这是政府帮我家盖的新楼，以前的房子征收了，政府安居工程真的是惠泽乡里呀！我们这如今可成了风水宝地，五湖四海的人都来我们这儿观光。政府给我们提供了这么好的商机，我们也得做点儿什么呀！我们呀，办了一个特色农家餐馆，我媳妇也回来了，孩子爷爷奶奶身体也好多了，您要是想吃龙虾、螃蟹、臭豆腐、麻辣鱼什么的，就来我们店里，包您满意，价格优惠哟。"我眼前这个健谈的小老板，一脸的幸福感。是啊，如今的罗文村已是南县的一张新名片，它的四季花海，它的墙上涂鸦，它的特色美食已吸引了越来越多的人前来游玩。

听君一席话，胜读十年书！我真为自己的无知和麻木而感到惭愧，作为一名南县人，我竟不知家乡的变化如此之大！原来我的家乡已经越来越美，越来越年轻，我的心也随家乡年轻了起来。

朝阳初升里，我随广场大妈跳起热情的广场舞；落日余晖里，我带孩子们在德昌公园嬉戏追闹；假日空闲，我又随同事们去玫瑰花园欢歌笑语。看，南茅运河风光带，无疑是南县路上最特别的风景线；洞庭湖湿地公园正在沿江扩建；家乡的虾蟹大米、菱角莲藕开始成为市场的紧俏商品！听——《瞄着你就爱》这首家乡的主打歌曲，一次次在耳边响起。国际涂鸦艺术节、国际美食节、全国广场舞大赛、全国新能源汽车拉力赛相继在南县举行！"益村App"，让大家办事更透明更便捷；农村电商淘宝，让大家购物更方便，也加快了城乡一体化；南县实验教育集团"人工智能+云技术"助推南县教育；许多在外的游子开始争相为家乡南县幸福代言……

此时此刻，在我心中，家乡是一支甜美的歌曲，让我唱不尽她的优美旋律；家乡是一首深情的小诗，让我写不完对她深深的爱恋；家乡是一幅色彩鲜明的油画，让我越"瞄"越爱得无法自拔！

…… ……

"阿姨，欢不欢迎呀？"侄儿的声音，把我从沉思中拉了回来，这个古灵精怪、小小年纪已随爸妈走遍祖国山水的孩子，竟然也向往来我的家乡南县？我的自豪感"腾"地一下升起来了！"欢迎欢迎！到时阿姨一定为你当导游！"

观影那些事儿

谭腊元

又逢周末了，一家人决定去看电影。走进高端大气的影院，坐在软软的沙发上，吹着空调，喝着饮料，吃着爆米花，享受着3D电影带给我们的立体逼真的感受，真惬意！惬意之余，我的脑海中却忽然忆起了与观影有关的一幕幕……

20世纪80年代初的一天，那时的我刚上小学。"沙堡洲今晚8点有电影看"的消息像长了翅膀似的飞遍了我们村，让我们心里直痒痒。沙堡洲距我们村约10里路，但对于渴望看电影的村里人来说，这都不是事儿。那天晚饭吃得特别早，我肩上扛着一条长板凳，要跟上健步如飞的奶奶，着实吃力，可我不能吭声，不然奶奶不会带我去的！我俩一路紧赶慢赶，气喘吁吁，终于在放映之前赶到了。至于看了什么电影，我的记忆已模糊了，但我清楚记得观影回来的路上要经过一片坟地。我不敢看向坟地，可奶奶和其他大人们却偏偏津津乐道着什么鬼和水猴子捉小孩的故事，让我感到毛骨悚然，以至于晚上都不敢出去走夜路。但是为了看电影，我也是拼了，一次又一次地战胜了自己的恐惧。唉，谁叫那个年代我们的精神食粮少呢？

后来村部有了自己的影院了，可是要收费，而经济拮据的家里怎么会允许我们去大饱眼福呢？看着周围的小伙伴三三两两地相约去看电影，我心里羡慕、忌妒，于是绞尽脑汁地想办法。最初，我在影院门口仔细观察，如果发现哪位大人是独自一个人去看电影，我便假装亲热地屈腿跟在他后面，因为大人是可以带一个身高不足1米2的孩子去看的，不过此方法很快被眼尖的管理员发现了端倪。此路行不通，我又心生一计。我找伙伴要来电影票，那是大白纸上写上字盖个章的那种票，我便找来白纸模仿笔迹写上，再用爸爸批作业的红墨水瓶盖盖一下，乍一看还挺像。于是我揣着这张假票混在人群中，检票员拿着影票检查时，我的心里七上八下，手心紧张得出汗，好在人多检票员没来得及细看。那是我生平第一次以这种方式看电影，也是最后一次，因为那种做贼心虚的感受，让我如坐针毡，浑身难受。后来我又发现了露天影院那高高的围墙旁有一棵高高的柳树，于是我带上妹妹偷偷苦练爬树技术。终于有一天我俩爬上了那棵大柳树，坐在高高的树杈上，可惜距离有点儿远，而且只能看到反面，人物也是模糊不清的，我们却看得津津有味。后来有一次不知怎么，我们看得睡着了，听姐姐说，爸妈急得脸色煞白，发动邻居找了很久才找到我们，为此我还吃了一顿"竹笋炒肉"。那个时候我就在想，什么时候我坐在家里也能看上电影呢？

20世纪80年代中期，我上初中了，家里终于买了一台黑白电视机，终于可以在家里看电视了！可惜广告多，电视节目不丰富，效果还不好，经常是雪花布满了整个荧屏。记得有一次看《西游记》，为了让我们看清楚画面，爸爸还爬到屋顶上转动天线调效果。寒风刺骨，爸爸的脸冻僵了、手冻麻了。心疼爸爸的我多想有一台彩色电视机，能遥控，效果好，想看什么就看什么啊。

1995年，我结婚了，我为自己准备的第一件结婚礼物便是大彩电，记得婚礼当天，当宾客散去，我发现妹妹还在我的婚房里目不转睛地看电视。我笑着问她为何还不睡，妹妹说："电视节目还没播完呢！"小妹的回答让我"扑哧"一笑，我告诉她现在是有线电视，24小时都有节目。妹妹才红着脸依依不舍地关掉电视，嘴里还嘟囔着："还没看完呢，要是可暂停可回放就好啦。"

时代在发展，人们的生活也发生了翻天覆地的变化，当年的心愿也都变成了现实。你看，智能手机、网络电视，让人们不仅可以随时随地观影，还可以随心所欲地选择心仪的影视节目。为了享受更高品质的影片和更为舒适的观影环境，人们又走出家门，来到了影院……

想起观影的那些事儿，我心里不禁感慨万千，真得感谢伟大的党，伟大的时代，才让我们拥有今天的幸福生活！

过年的含义

谭腊元

儿时的年味儿，如一幅色彩鲜明的油画，储存在我的脑海中，永不褪色。

20世纪80年代中期，南县的一户农家小院里，很多小伙伴拿出自认为家里最美的衣服头饰，正在给一个八九岁的小姑娘打扮。不久，一个头上插满鲜艳的假花，嘴上涂抹得鲜红，穿着大红棉袄，手舞两条长围巾的"仙女"上场了。接着一众小伙伴拥着这个"仙女"开始走家串户，口里喊着"拜年"，并送上自制的红色贺卡，上面歪歪扭扭地写着"恭喜发财""岁岁平安""正当行时"之类的吉利话，家家户户也都乐呵呵地捧出家里最好的糖果，油炸的薯片、玉兰片等分赏给这群孩子，条件好的人家还会打赏每个孩子一个压岁红包。孩子们高兴起来就会模仿起村里戏班唱起"刘海砍樵"，逗得那些爷爷奶奶、叔叔伯伯、姊姊阿姨们差点儿笑岔了气……这个不知羞的"仙女"便是年少天真的我。现在回想起来，我吃过的糖果糕点无数，但这带有浓浓年味儿和乡情的糖果糕点才是我此生觉得最好吃的。儿时的记忆中，过年的含义便是"快乐"。

2008年春节前一个月，父亲突发脑出血去世，年迈的奶奶承受不住打击，也随父亲去了。一下子失去两位至亲，一家人的心情悲痛到了极点，但马上要过年了，我们小心翼翼地收藏起悲痛，为了母亲，我们必须好好过年。远在他乡打工，鲜少回来过年的二姐赶回来了，刚出嫁的妹妹在开明公婆的支持下回来了。我们四姊妹陪在母亲的身边，一起除尘、办年货、备年饭。看着孝顺的我们，母亲脸上出现了久违的笑容。在大年三十的下午，我们四姊妹聚在父亲的坟头郑重许下诺言，以后的每一个春节，不管多忙，我们都要陪母亲过年，母亲在哪里，我们在哪里。2008年的春节告诉我，过年的含义便是"团圆"。

2015年的春节，一台别开生面的"家庭春晚"在我家拉开了帷幕，我们四姊妹的孩子担任家庭春晚的导演、主持、演员，我们这些大人则是评委、观众、颁奖嘉宾。年年春节看春晚，岁岁年年花相似，孩子们早已兴致不浓，何不让孩子们自办春节晚会？既能激发他们的兴趣，又能提高他们的能力，还能让我们的压岁红包体现价值，何乐而不为呢？于是我提议自办家庭春晚，大家纷纷赞同。孩子们十分兴奋，紧锣密鼓神神秘秘地筹备了几天。除夕夜，我们被请到了观众席，他们或唱歌，或跳舞，或相声，或小品，或演双簧，或者讲英语故事……节目精彩纷呈，创意无限，让我们大饱眼福、纷纷点赞。领奖金红包时，他们也很激动，表示这样的红包比以往的压岁红包更有意义，更能体现他们的劳动成果。我的母亲更是高兴得合不拢嘴，说："长江后浪推前浪，你们的春晚我年年都想看。"孩子们围在老人身边，连声附和"一定，一定"。2015年的春节告诉我，过年的含义便是"幸福"。

2021年的春节有点儿特殊，母亲去广州小妹家已经一年了。原计划放完寒假我便去接母亲和小妹全家回家过年，但疫情原因，计划只能取消，我不禁有点儿郁闷，不过生性乐观的母亲反而在视频中安慰起我们来："没关系，我就在这边过年，我们都别给国家添乱，大家平安健康就好！"听到母亲的话，我的泪不禁涌了出来，是啊，大家各自安好，遵守防疫规定就地过年，就是给国家做贡献。一个年迈老人尚且有如此胸怀，何况我们这些后辈呢？2021年的春节告诉我，过年的含义便是"安康"。

在我的记忆和理解中，过年的含义便是快乐、团圆、幸福、安康。

（此文发表于"学习强国"平台）

写给母亲的一封信

谭腊元

敬爱的母亲：

您好！

看完电影《你好，李焕英》，我已泪流满面，我不由得想起了已去广州两年的您——我的母亲。

您——我的母亲，两岁丧父，八岁给奶奶当养女，本想继续把书念下去，但奶奶家情况也好不了多少，供您读完高小便让您辍学了。年幼的您不甘心，便独自一人步行至长沙，想回到娄底老家生母身边继续读书。而命运却捉弄了一心向学的您——可恶的小偷偷走了您的盘缠和学籍证明，您伤心无助地哭了很久很久，这对酷爱读书的您来说是多么沉重的打击啊！

您——我的母亲，辍学后成了家里的主要劳动力，您没有怨天尤人，而是用瘦弱的肩膀扛起了整个家，全心全意供我父亲和叔叔上学，是这个家里的大

功臣。后来您和父亲成婚后有了我们姐妹四个，父亲是一名乡村教师，无暇照顾家里，您便包揽了家里家外所有的农活。在我的记忆中，每天鸡还没叫您便起床了，等我们睁开眼，热腾腾的饭菜已摆上了桌。等我们吃完饭去上学，您又扛起锄头出门了，翻地、除草、扯麻、治虫、挑担、喂猪、煮饭……所有农村男人和女人该干的重活、累活、细活，母亲您一件也没落下。夏夜，您边摇着蒲扇边给我们讲故事、唱歌，直到我们睡去，您才能抽空洗衣、做鞋……在我们的眼里，母亲您是极其勤劳的。在您的影响下，我们姊妹四个打记事起便开始跟着您下地干活，学会了吃苦，这为我们在以后的人生中不惧任何风雨打下了基础！谢谢您，我的母亲！

您——我的母亲，自打自己的读书梦破灭之后，便将希望寄托在我们身上。和您要好的姐妹悄悄劝母亲您不要太苦着自己，一个人忙里忙外，不如让孩子辍学来帮帮自己，再说农村女孩子读那么多书干吗，将来还是要去婆家的。您却笑着说："我苦点儿累点儿没关系，就希望我的女儿将来别像我。"母亲您省吃俭用坚持送我们上学。有一次，我因一道数学题做错了，老师当着全班同学的面骂我没出息，还狠狠地打了我手板。自尊心强的我一整天像霜打的茄子——无精打采。细心的您看出我心情不好，耐心地询问我原因，我竹筒倒豆子般将心底的委屈和对老师的不满全抖搂出来，您静静地听我说完，意味深长地说："要想让老师看得起你，就得好好学习，真正有出息！记住，证明自己最有力的办法就是用实力说话，也许这就是你老师希望看到的结果吧。"虽然当时我还小，但我从您的眼里分明感受到了您对我沉甸甸的希望，从那之后我也一直努力学习，成了全村第一个考上中专的孩子，谢谢您，我的母亲！

您——我的母亲，不仅如水般温柔，也如水般刚强。2017年12月17日，那是一个天寒地冻的日子，和您相濡以沫的父亲突发脑出血去世，您流着泪支撑着和我们一起办完丧事。我们担心您承受不住，决定请假留下来陪陪您，您强忍悲痛，故作平静地对我们说："你们放心，我很好，你们好好工作！"我知道您和父亲的感情很深，相伴50多年，怎么可能"很好"呢？不过，天性乐观的您说到做到，现在把日子过得多姿多彩，玩抖音，唱卡拉OK，跳广场舞……您说少时没好好学，老了必须好好学，这样的人生才没白活。

母亲，您勤劳、慈爱、善良、坚强、乐观……您的身上聚集了所有中华伟大母亲的优点，您是女儿们幸福的港湾，也是我们人生的导师！何其有幸，这辈子能做您的女儿，谢谢您，爱您想您！祝您健康安好！

爱您的三女儿 腊元

2021年3月5日

您还会再入我的梦中吗

谭腊元

敬爱的父亲：

您在"那边"过得还好吗？我真的好想您。

夜深深，雨凄凄，万家灯火已熄，我躺在床上，辗转难眠，闭上双眼，梦中情景历历浮现，与现实相叠……

梦中，您——我的父亲，依旧一身朴素的中山装，端着一杯热茶，笑脸盈盈："腊元，喜欢吃啥菜，尽管说来，老爸给你弄去。"见我推辞，您忙说："我知道，你在学校教书，自己家又没开饭，好不容易回趟娘家，得给你补充补充营养，要知道革命的工作还得靠革命的身体呀，对不对？"说完对正在厨房忙活的母亲说："老婆子，多煎几个土鸡蛋，我去买鲫鱼。腊元，待会儿多吃点儿！"而我的喉咙却哽住了，发不出声音，只能看着您大步离去的瘦削的背影发呆……

梦中，您——我的父亲，依旧坐在那个朝阳的房间里，背对着阳光，戴着老花镜，在那吱呀吱呀叫的竹藤椅上，翻看着《三国演义》《水浒传》《隋唐演义》……从教育岗位上退休回家后，闲不住的您主动承担起辅导我们三姊妹的孩子的任务，以便让我们专心工作。您常为孩子们绘声绘色地讲述那精彩的英雄传奇，孩子们的心便开始融入那历史长河中，和诸葛亮、关羽、武松、秦琼、程咬金等历史人物一起经历世事沧桑，品味人间冷暖……可恼的是，当他们听得正入神的时候，您却突然停下来，叹一口气说："哎呀，口渴啦！"没办法，已被您的故事牢牢套住的孩子们只好赶快为您端茶，乞求您继续讲下

73

去。可没过一会儿，您又说累了，他们只好使出撒手锏，给您挠痒痒，这时您才笑着投降。那时，在后辈的眼里，老爸，您既是一个学识渊博的长者，还是一位"周伯通"式的老顽童！

梦中，您——我的父亲，依旧用慈祥关切的眼神注视着我："腊元，你们班的学生还听话吗？千万要有耐心，不要动不动就发脾气，要记住，没有教不好的学生，只有不会教的老师。"接着，您又会很自信地拍拍我的肩膀说："我相信，我谭家的女儿一定是最优秀的啦，对不对？"那关切的话语，依然在我的耳畔回响……

梦中，您——我的父亲，依旧伫立在公路旁的大柳树下，稀稀疏疏的头发很精神地立在头上，您眯缝着一双笑眼，望着凝聚着您心血的二层楼房，脸上写满了惬意，还不时地对前来寒暄的邻居说："我家腊妹子说了，我们老两口房间的家具啊，窗帘啊，她全包了。""谭校长，您辛苦大半辈子了，终于苦尽甘来，老人家有福啊！"听着邻家的美言，您心里美极了，我知道，父亲，您一直是以我们为荣的！

再度睁开眼，我才知道这只是个梦。我倍感失落，空荡荡的房间，没有了您勤劳的身影、爽朗的笑声、关切的话语，这个您只住了三天的房间，只留下了您的一幅照片挂在墙上，依旧慈祥地望着我们……

有人说，您是上辈子欠我们的债，这辈子来还债的，父亲，我们欠您的债又什么时候还您呢？

父亲，今夜，您还会再进入我的梦吗？

愿您在九泉之下安息！

爱您想您的三女儿 腊元

2023年5月14日

壮哉中华：我心中的千古美文

谭腊元

在我的耳畔，一直回响着一篇这样的千古美文："晋太元中，武陵人捕鱼为业……忽逢桃花林，夹岸数百步，中无杂树，芳草鲜美，落英缤纷……"

这篇美文寄托着中华民族自古以来对美好生活、理想社会的追求，这种追求源远流长，延续至今。确实，中华民族上下五千年，纵横九万里，就像一篇流传千古的美文，一首震撼寰宇的绝唱！其民族精神，就像一篇美文的灵魂和主题，一脉相承，激励着代代华夏儿女爱国奉献、团结统一、自强不息！

爱国主义是民族精神的核心。听，屈原"亦余心之所向兮，虽九死其犹未悔"，诸葛亮"鞠躬尽瘁，死而后已"，范仲淹"先天下之忧而忧，后天下之乐而乐"，林则徐"苟利国家生死以，岂因祸福避趋之"，真是余音绕梁，不绝于耳！它激励着我们共产党员勇于承担中华民族伟大复兴的中国之梦，响应时代的召唤、祖国的召唤、民族的召唤，做一名合格的共产党员！

"慈母手中线，游子身上衣。临行密密缝，意恐迟迟归……"这首诗写尽了天下慈母的爱心，巍巍中华就是这样一位慈母，她海纳百川、团结统一的博大胸襟，自古有之！西汉文景之治，唐代开元盛世，清代康乾盛世，汉族与各兄弟民族同呼吸、共命运，友好相处，促进社会文明的快速发展。看，在中国当代，实现全面建成小康社会，建成富强民主文明和谐的社会主义现代化强国的奋斗目标，实现中华民族伟大复兴的中国梦，是党坚定不移的奋斗目标！它既体现了我们中国人今日之理想——国家富强、民族振兴、人民幸福，也深深地反映了我们先人们不懈追求、毕生奉献的光荣传统！

中华历史的天空也曾迷雾重重，但我们中华民族却总能自强不息，重现黎明的光辉！新中国在中国共产党的领导下，特别是近四十年的改革开放，励精图治，南水北调、西气东输、西电东送，一个又一个举世瞩目的大工程相继建立，尤其是党的十八大以来，成绩更是有目共睹。中国载人航天工程已阔步迈进"空间站时代"；"蛟龙号"探海深度是世界载人潜水器探索能力的新象征；"FAST"的建成将中国天文学研究推上一个新的台阶；2016年，我国成功发射世界首颗量子科学实验卫星"墨子号"……如今，国家又提出"一带一路倡议"、京津冀协同发展战略、长江经济带战略，这是新形势下的新思维，它是开放的、多元的、共赢的，将为中国和沿线国家发展带来更大的机遇！

今天，我们共产党人，要完成国家富强、民族振兴、人民幸福的崇高事业，更要坚守马克思主义信仰，坚定共产主义远大理想，补足精神之"钙"，自觉抵御名与利的诱惑，我们不能成为祸国殃民的害群之马，我们要做人民的好公仆！我们要将自己的血液流进人民的血管，和群众心连心，我们要让党的肌体更加纯洁，政治空气更加文明，社会更加和谐！

"桃花源"，她的美丽桃林曾消失得无影无踪，留下千年遗憾。但是，你看，经过千年孕育，"那桃花盛开的地方"，又重回中华大地。是呀，"桃花依旧笑春风""春风又绿江南岸"，这一切都是中国共产党带领全国人民奋斗的结果，是民族精神在新世纪的闪光！

壮哉中华——我心中的千古美文，你一定会实现"两个一百年"的奋斗目标，实现中华民族的伟大复兴，经济将更加发展，文化将更加繁荣，社会将更加和谐，人民生活将更加幸福！

党员同志们，让我们努力学习经典著作，人人争做合格党员，坚定理想，众志成城，大力弘扬民族精神，去谱写振兴中华的新篇章吧！

阅读，点亮一个社会

谭腊元

一次好书推荐，让我感触颇深。

今天，阅读评估组来到我校指导。从早上到第4节课，我和李老师都没闲着。教室，窗明几净；书柜，琳琅满目；学生，屏气凝神。主持人邹嘉琪组织好书分享，字正腔圆，声音动听，面带微笑，手势得体。潘予涵分享好书《出租时间的孩子》，一开嗓，便捂住书名，只露出"出租"二字，然后抛出一个问题："看到出租二字，你认为可以出租什么？"同学们的答案不一，出租房子，出租车子，出租土地……潘予涵话锋一转："我今天要讲的是一个出租时间的男孩的故事，哈，你们别不信，听我道来……"我注意到，孩子们的眼睛一亮，兴趣被调动起来。潘予涵按"好书推荐"的思维导图介绍完作者、主要内容、最感兴趣的情节和感悟后，进入了"同学互动"环节。爱阅读的唐心妍狡黠地一笑，举手提问："假如你是那个男孩，蜜儿给你一个条件，用一百万作为交换，出租你10年青春，你愿意不？"我肯定了她这个问题提得很有价值。潘予涵笑了笑："我不会同意。金钱可以通过奋斗换来，而青春是无价之宝，再说我们要享受奋斗的过程。不知你满不满意我的回答？"我不由感叹潘予涵的睿智。李佳哲是一个善动脑筋的孩子，他眼珠一转，问："请问，你认为我们身边有没有像小男孩一样，有出租自己时间的人呢？"这问题提得真好！联系生活实际提出有价值的问题，我赶紧肯定了他并示意全班讨论这个问题。孩子们在讨论中自省，纷纷举手说，周围出租时间的人大有人在——出租时间闲聊、闲想、闲玩，尤其是玩电子游戏……我趁热打铁："认为自己是在出租时间，虚度光阴的人请举手！""唰唰唰"，好多手举起来了，好多人的脸上都写满了愧疚。于是，我抓住契机，说："同学们，世界上不是什么都可以出租，比如时间、诚信、正义、原则……我们应该做个怎样的人呢？我相信大家一定可以从书中领悟到，这就是杨红樱阿姨想告诉你们的！"

短短5分钟，孩子们的收获应该很大。

接下来，孩子们越来越有自信。你瞧，罗哲宇制作了幻灯片，将书中优美文字和精美插图结合，很快将同学们带入《童年》情境中；邹嘉琪还邀请了几个同学表演故事情节，勾起了大家的阅读兴趣……一直以来，我校致力于诗意阅读教育，"读进步的书，做最好的我"已浸润到每个师生的骨髓和灵魂中。这不就是教育工作者所期待的吗？

一本书，点亮一盏灯；一个有价值的问题，点亮一群孩子的心灯！好的阅读分享，点亮一间教室，一所学校，一座城市，一个社会！

点滴见初心，平凡见使命

——记南县实验教育集团办公室主任张灿

谭腊元

　　如果这个春天宁静如常，你我或许依然平凡如昨，按部就班地工作、生活，其乐融融地享受大好春光。但这突如其来的疫情让无数平凡的你、我、他，走向这不见"硝烟"的"战役"中……

　　"恭喜张利、陶硕、吴念、程文丽老师的新闻稿上了湖南教育网。""祝贺徐小会、谭腊元、肖红霞老师的作品出刊'南县文化馆'！""祝贺夏顺、张利等老师为我校捧回抗疫视频一等奖三个、二等奖一个。"南县实验教育集团通讯报道群里喜报频出，而一切都与背后默默付出的她有关。

　　她叫张灿，是我们南县实验教育集团办公室主任。人如其名，谁遇见她，都会被她那一脸灿烂的笑容所打动。她还是我们集团的"笔杆子"，她妙笔生花，挑起了集团的宣传工作的"大梁"。抗疫期间为了宣传集团师生共抗疫情的担当精神和感人事迹，她呕心沥血想点子，和行政班组成员商议，迅速根据集团老师的特长，分成"诗意栖居"朗读亭、绘写屋、音乐桥、健美场、休闲坊等栏目，把相关老师组群，选好群主，让老师们各展才艺，各美其美，共同驱散疫情阴霾。这个创意一出，宅家的老师们抗疫热情被空前地调动，很多抗疫作品纷纷新鲜出炉，其中谭腊元、肖红霞、徐小会、陶硕等老师的作品还在县市级刊物上发表。

　　深夜，大家都已安然入睡，而张灿老师还守在电脑前加班加点，审稿、编辑、推送、投稿、统计……大家清晨醒来，集团公众号各个栏目的更新作品，各类期刊刊发的老师抗疫新闻及文艺作品，就已经推送在工作群中……

点滴见初心，平凡见使命！一直以来张灿老师凭着工作认真负责、谨言慎行、任劳任怨的敬业精神和低调的为人处世，让大家无不对她交口称赞，对此她总是淡淡一笑："都是老师们的功劳，我只是负责推荐。"她就像那朵盛开着的美丽的格桑花，看着柔弱，然而风越劲，她越坚挺。她坚守在自己的岗位上，用出色的表现和奉献精神传递着温暖！

一片冰心在玉壶，志做人民满意教师

谭腊元

在党的二十大召开之际，党中央、国务院开展全国"人民满意公务员"和"人民满意的公务员集体"评选表彰，共有397名个人、198个集体荣获这份沉甸甸的荣誉。他们来自五湖四海，他们来自不同岗位，但他们都有一个鲜明的优点——让人民满意。习近平总书记在党的二十大报告中提出了"为党育人、为国育才"和"办好人民满意的教育"的总体要求。我将以党的二十大胜利召开为新起点，以最大努力实现"培养一群孩子，造福一批家庭，振兴一方教育"为目标，向先进看齐、向榜样学习，志做人民满意教师。

作为新时代的党员教师，我明白"一滴水只有放进大海里才永远不会干涸，一个人只有当他把自己和集体事业融合在一起的时候才能最有力量"。投身党的教育事业是我们最无悔的选择。我很庆幸，我身在一个非常优秀的团队中，在这里，党员教师率先垂范，有把学校的诗意发展当作自己一生追求的孟琳校长；有深入开展课堂教学改革，规划教学科研，强化教学质量管理的吴正强老师；有"学高为师，德高为范"的李松梅老师……他们是一群有理想信念、有道德情操、有扎实知识、有仁爱之心的党员教师，都是我学习的榜样啊！

印象最深的是党员教师李松梅。2017年下学期，实验学校教育集团成立安庄分校，师资问题怎么解决？谁会去偏远的农村执教呢？领导为之头疼不已。李老师临近退休，却主动请缨，她想以自己多年的教学经验和满腔的热情为这所农村学校的孩子带去知识和快乐。她担任了安庄分校六年级语文教师及班主任工作。这个班级16个孩子，11个是留守儿童，一半来自离异家庭，学习能力差，自觉性与学习习惯可想而知。李老师迎难而上，开家长会，并利用课外时间对每个同学进行家访，自己掏钱给学生买文具、买奖品……孩子们在李老师的关心爱护中一步步快乐成长。李老师不仅点亮了这些乡村孩子的人生梦想，也影响带动了身边一群年轻教师，敢于挑重担，乐于讲奉献！

孔繁森、廖俊波、黄文秀、张桂梅……还有我身边的这些榜样，他们是香气沁人、幽香不绝的花束，奉献的清香常伴左右；他们是燃烧自己、照亮他人的烛火，蜡烛的光热温暖人心。在新的赶考之路上，我们当以"春风化雨"的无私奉献，温暖学生，厚植"一枝一叶总关情，春风化雨润民心"的为生情怀，时刻惦记学生、心中常装学生、倾尽全力为之奉献，用实际行动向"人民满意"而行。

这次，因为疫情，我了解到3个学困生的家长们远在外乡，不能在身边好好监督，孩子们假日的安全、生活、学习怎么办？我通过电话征得他们父母同意，将他们请到家里，不仅辅导他们的学习，还针对他们的识字、写字困难，免费为他们量身定制了一套解决方案——巧记汉字顺口溜，指导他们辨析。3个孩子的家长十分激动，发来语音感谢："谢谢您，谭老师，是您的爱，给了孩子希望，也给了我们这个家希望啊！"

教师不仅要学"春雨润田"，以"润物无声"的无私奉献向"人民满意"而行，还要学"小溪流水"以"涓涓细流"的灵动细腻向"人民满意"而行。

学生所面对的问题，就是教师须"时时放心不下"的问题，我们要敢于直面问题、科学认识问题、精准把握问题、努力解决问题，既有清晰的思路、科学的方法，也有攻坚的恒心和不舍的韧劲。以实干的作风打造为生解忧的"绿色通道"，以全力以赴、不怕吃苦的艰苦奋斗铺筑通往未来的"坚实道路"。要有不怕过急流、越高山、走荒漠的意志，把学生作为心之归处身之安处，"万般思绪皆为你，身体力行不怕难"，全心全意地投入教育实践中去，发扬拼搏精神，提升业务本领，认真对待自身岗位、扎实上好每一节课、认真对待每个学生，用实实在在的成绩书写满分的"教育答卷"。

教师还要有学"泉水激石"，以"日复一日"的坚韧不拔向"人民满意"而行。

不管是投身脱贫战场、无私奉献的黄文秀，还是为山区的孩子点亮希望、照亮梦想的张桂梅，他们无一不是在用无私的奉献、不懈的奋斗，风雨不移、初心如磐地践行着为民使命。为民服务不是一朝一夕，让人民满意不是俯仰之间，须持之以恒、久久为功，因而须学"泉水激石"，坚持不懈、锲而不舍，要以坚韧不拔的劲头、甘为人梯的毅力，发扬"一锤接着一锤敲"的钉钉子精神，始终如一当好学生的"服务员"，孜孜不倦做好每件小事，不断提升人民满意度和幸福感！

一片冰心在玉壶，志做人民满意之教师！

实教集团《诗意阅读》引爆南县教育界

谭腊元

近日，"孟玲校长和学校老师们出书了"的新闻刷爆了南县教育界同人和家长的朋友圈。顿时，孟玲校长和她所在的南县实验学校老师们成了网红，引来无数点赞，所著《诗意阅读》更是成为畅销书。

据悉，《诗意阅读》这本书是由孟玲主编，湖南省教科院教育研究所所长刘建琼作序，涵盖"阅读课程""阅读推广""阅读论坛""阅读课例"4大篇章，是该校"诗意教育"汇集的第1个成果。2014年10月孟玲校长主持并组织老师们开展"构建综合阅读体系，提升校园人文素养"的阅读课题研究；2018年3月，孟玲校长开始设计书稿框架，筹划将课题成果结集成书，再组织老师们完善补充课题研究过程资料。组织编委会几次审稿，2020年8月，这本凝结着孟玲校长和老师们的集体智慧，以及上级领导大力关怀支持的《诗意阅读》终于由中国出版集团现代出版社出版，成为今秋教师节的特别贺礼。

据笔者了解，该集团老师收到这份教师节特别贺礼，内心十分激动、自豪，青年教师张梓艺在朋友圈发表真情感言："孟校带着我们向着诗意远方，向着明亮那方，一路洒下汗水，一路收获芬芳。"编委会成员彭埭华老师更是即言谱诗一首点赞："诗意路上追寻，采撷果实颇丰，描绘亮丽底色，成就幸福人生。"

孟玲校长在教师大会上描绘未来蓝图时说："'行是知之始，始是行之成'，未来我们将继续努力，为教育、为社会贡献更多诗意芬芳的果实。"

"沙粒"是如何打磨成"珍珠"的

——小学指导青年教师研训工作总结

谭腊元

10月19日，晨风送爽，我们南县实验学校迎来了南县中小学教师能力提升第一期培训班学员。学校领导让我带来自茅草街镇小学的李妍老师，我知道这份工作的意义。有一句老话说得好"什么样的老师带什么样的学生"，我深深感到身上的责任和压力。一个星期以来，我本着"共同学习，互帮互助"的理念，本着给年轻人机会、给年轻人压力的宗旨，用实际行动影响着她。转眼一周结束了，我们共同收获了辛苦与快乐。

一、自己就是教材

我觉得要想做好"传、帮、带"工作，首先要做到言传身教，率先垂范。我一直严格要求自己，处处以身作则，起到示范表率作用，在言传身教中首先让研训老师牢记"德高为师，身正为范"的训言，引导她们发扬爱岗敬业精神，热爱教育教学工作，让她们明白自己的权利和义务。

二、让我们一起成长

我对自己工作上严要求，处处为研训老师做好表率，将自己的工作经验和教学经验一点一滴、毫无保留地传授给她。

10月19日，我和她初识，就让她跟岗，看我如何钻研教材、撰写教案、批改作业。

10月20日第一节课，我为她上了示范课《夏天里的成长》，还请了同年级的研训老师和她一起听，并让大家主动点评我的课。李妍老师感叹："谭老师，这是我从事教学工作以来听到的最好、最有用的一堂课。"我告诉她，每一堂课我都会认真备课，了解学情，一定要向课堂40分钟要质量。之后，我和她一起共听、共评学校安排的每一节展示课。李妍老师眼神里流露出对我们实验学校集团的老师由衷的佩服之情，但也有深深的自卑，觉得自己恐怕很难达到此次培训的要求。我注意到她的这种细微的情绪变化，搂着她的肩膀亲切地对她说："别着急，在你这个年纪，我们还没有你厉害哦，只要你来到我们实验学校，再大的困难都不是困难，因为有一个团队帮你啊！每个老师都会迅速成长起来的！"她这才露出如释重负的微笑！

李妍是个宁乡妹子，在南县举目无亲，我让她把我当家人，不要有顾虑。只要我能想到的工作和注意事项，我都及时提醒她，避免她走弯路。我把自己以前好的做法和她一起分享，毫无保留，我时刻谨记，自己也年轻过，自己也不是一个完美的人。

在指导研训老师上展示汇报课说授评活动中，我负责指导李妍上汇报课。

10月20日下午，我们先一起选定课文，李妍说她一直不知道古诗课该怎么上，况且她还没教过高年级，想挑战一下古诗的教学。我赞成她的想法，于是我让她研读教材及教学用书，先尝试自己备《浪淘沙（其一）》初案，然后在我班试教。李妍老师话不多，但非常认真，因为来得匆忙，什么也没带，吃过晚饭，她开车赶往茅草街，取回自己的电脑，赶紧电子备课，有不懂的，及时微信和我交流。我为她提供了一些优秀的课件和资源，并推荐了名师的教学实录，让她参考。第二天再见她，眼下出现了黑眼圈，真是个认真的小姑娘。下午，我请来我们组的研训团队，让她在我班试教，效果不大好。一是因为她不熟悉教案，有点儿紧张，只顾照本宣科，不关注学情；二是因为她没把握高年级教学特点，没能引导孩子们自主、合作、探究学习；三是古诗教学的特点没体现；四是课堂评价语不符合高年级孩子特点。评完课，小姑娘借口上卫生间，回来时我看到她两眼红通通的。我赶紧安慰她："别急，任何事都不是一蹴而就的，我们也是这样成长起来的！发现问题，解决问题。我会帮你的！"她这才破涕为笑。吃过晚饭，我和她一起研讨备课，从导入，到板书，从拓展练习到教学过渡语的设计……深夜十一点半了，二案才出来，课件只能第二天修改了。

10月22日第二节课，李妍在1505班试教，这一次教学流程清楚多了，时间也把握得比较好，只是在诗歌重难点突破上还有欠缺。我们年级组研训团队又组织了第二次深入的研讨，在细节上做了处理。（1）导入：六年级孩子基本掌握了诗歌学法，所以导入就从复习诗歌学法（解诗题，知诗人，明诗意，悟诗情）开始，为本堂课导航。（2）针对本首诗歌在四年级积累过的学情，"把诗歌读准、读出节奏"就改为检查朗读，节省时间。（3）前两句要求学生自由读古诗，借助注释，抓住关键词，边读边想象画面，紧扣本单元教学目标一。还借助黄河视频让孩子们直观感受，谈感受时能借助词语或诗句来形容，巩固了孩子们的积累。（4）最后两句主要是借助典故资料和诗人创作背景来理解其为何有如此神奇美好的想象，教学处理上，一是引导学生想象牛郎、织女的生活后，再录音简介典故；二是默看创作背景谈作者的创作动机，从而让学生了解查找资料和结合诗人处境理解诗意也是学习诗歌的重要方法。（5）结合单元主题设计拓展作业：继续收集有关黄河的诗句、传说、谚语、歌词，准备举办一次主题为"黄河，伟大的母亲"手抄报。

每一步教学如何设计，为何这样设计，我和年级组指导老师都一一为研学小组讲解，我注意到小姑娘们的眉头舒展了，之前"山重水复疑无路"，现在

终于"柳暗花明又一村"了！接下来大家分工合作，修改教案和课件，力求将最美的教学效果呈现出来。

10月23日，很遗憾，我因参加了县工会的读书分享会未能亲临现场观摩"浪淘沙小组"的说课、授课、评课，不过透过一张张照片和精彩视频，我想应该很精彩。果不其然，付出总有回报，在研训总结表彰会上，"浪淘沙小组"被评为汇报优秀团队，李妍被评为优秀学员。李妍喜极而泣，她说，这短短5天，感觉自己就是一个"沙粒"，在指导老师的耐心指导帮扶下，渐渐打磨成了一颗"珍珠"，虽然过程有点儿"痛"，但结果是美好的，她真不舍得走了。

作为一个在教育岗位上工作几十年的老兵，在指导青年教师的过程中，我自身也得到了进步。她们的困惑，便是我指导过程中须完善改进的地方。

"落红不是无情物，化作春泥更护花！"她们就像昨天的自己。她们对我们的信任，都将化作无形的压力和责任，我们不能选择逃避，只能勇敢承担！让我们一起努力，用自己的热血为南县教育美好的明天贡献出自己的一份力量！

最后，仅以一首小诗来表达我这次指导研训的体会：

研训之路

这条路充满了挑战和艰辛，

怕什么？我们手挽手共同探索。

"没有完美的个人，只有完美的团队"，

这是咱教育人的核心价值观。

"要想走得远，大家一起走！"

磨课，从"单打独斗"到"团队作战"；

教研，从"片面认识"走向"多元智慧"；

理念，从"迷雾重重"到"青山绿水"；

实践，从"零散研究"到"有序整合"；

目标，从"经验教师"到"研究专家"！

学习改变命运，

交流汇聚力量，

拼搏赢得喝彩！

咱教育人在这条路上个个走得扎实、稳健！

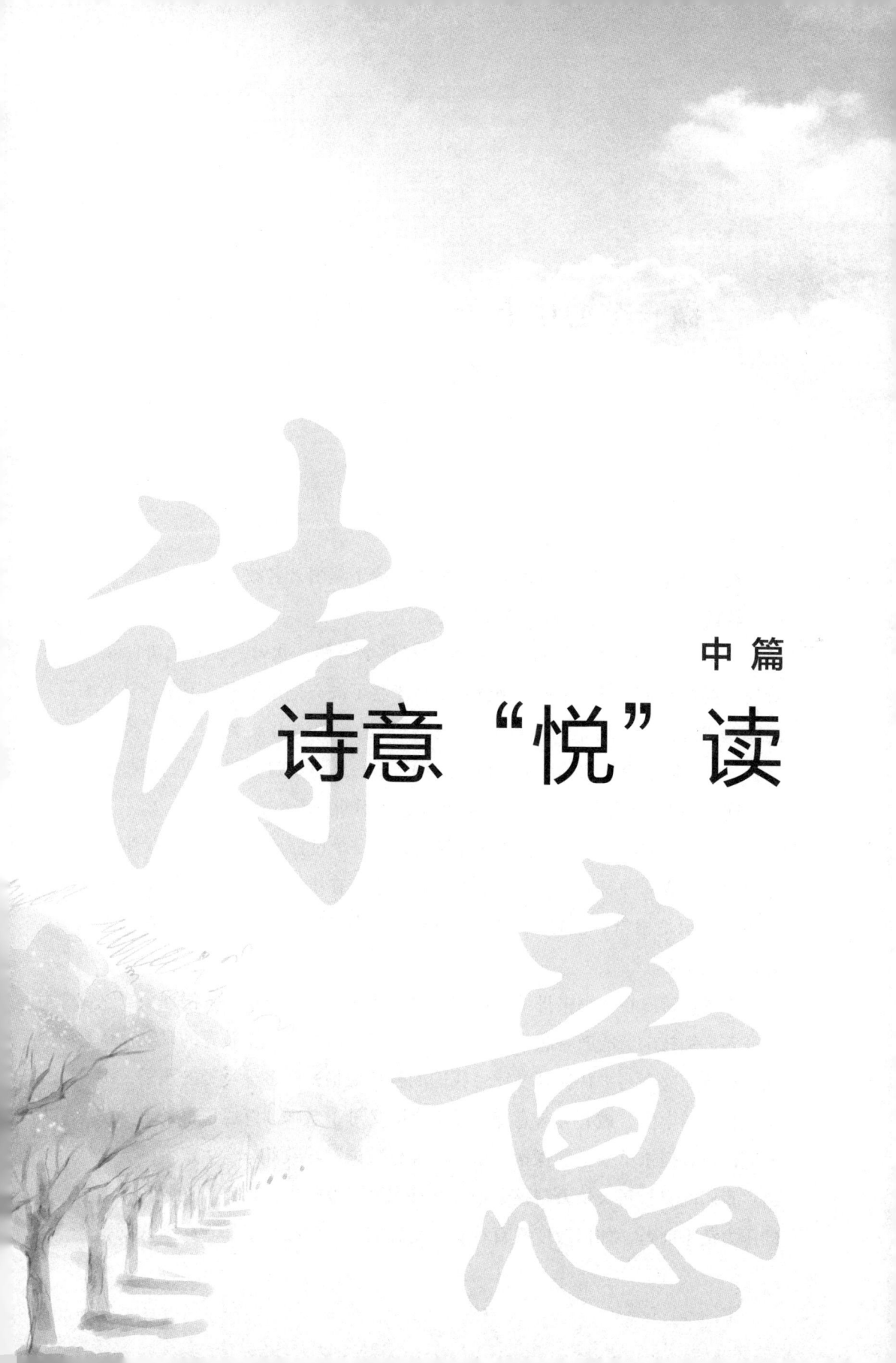

中 篇

诗意“悦”读

做一个心中有爱，眼中有光的师者

——《教育的目的》读后感

谭腊元

在"真爱书友会"的引领下，我最近拜读了英国著名教育学家怀特海编著的《教育的目的》一书，真是受益匪浅。

因书中列举了大量我看不懂的数学与科学事例，我曾一度想放弃阅读。看到"真爱书友"们都在坚持阅读打卡，于是下决心把这本书啃下来。从开始的跳跃式阅读，到后来的整章节咀嚼读；从最初的"山重水复"到"雾里看花"，再到联系教学实际后的"柳暗花明"……阅读的过程很艰辛，但收获颇丰。这次阅读磨炼了我的意志，使我在反思中不断进步与成长。

"教育是激发和引导学生进行自我发展的一个过程，要极力培养学生把思考和读书养成一种习惯，让学习成为一种需求。在生活和劳动中，不能利用和使用的知识是相当有害的。而教育的核心是不能让知识僵化，要让它充满活力，活泼起来。"

作者怀特海在本书中掷地有声的话语，让我陷入沉思：当我们埋头去完成许许多多细枝末节的教育教学工作时，是否应该抬头望一望教育的星空，认真想一想我们究竟要去往何处？反思我国的教育现状，有多少可爱的孩子，多少生机勃勃的学生，被心怀善意却不懂教育的父母、老师训练成了书呆子？曾经的应试教育扼杀了孩子的探索欲望，"唯分数论"导致部分学生产生了厌学情绪。我们的家长每天忙着帮孩子报各类补课班，教师也都顶着平均分和升学率的压力负重前行。如何改变教育现状，是我们每一位教育工作者必须认真思考的问题。

　　教育的目的不仅仅是传授知识，更重要的是思想、精神和文化的传递，教育的目的是面向未来。美好的教育应如诗歌一样高雅，致力于学生的全面发展，继续学生更美好的未来。这与梦想课程"让学生自信、从容、有尊严地成长"这一理念颇为相似，与朱永新老师倡导的"过一种幸福完整的教育生活"这一理念不谋而合。本书的阅读，使我更加明确了教育方向，努力向着明亮那一方前行。

　　怀特海在文中写道："我们的目标是，要塑造既有广泛的文化修养又在某个特殊方面有专业知识的人才，他们的专业知识可以给他们进步、腾飞的基础，而他们所具有的广泛的文化，使他们有哲学般深邃，又有艺术般高雅。"教育的目的是培养有文化而有趣的人，而不是培养工具。身为教育者要从教育目的的本质出发，擦亮双眼，守住初心，激活学生对于生活的灵感、感悟和创造，促进学生整体素质的提高。身为班主任的我，要努力做一个心中有爱，眼中有光的师者，参与学生成长的过程，给予学生更美好的未来。

　　希望我们每一位教育工作者，都能明确教育的目的，回归教育本真，筑梦美好未来。我也将不忘教育初心，怀揣教育梦想，用心去感受那种"像哲学一样深邃，又像艺术一样高雅"的幸福的育人过程。

纸上得来终觉浅，绝知此事要躬行

谭腊元

每次读怀特海的著作《教育的目的》，就如孩童开蒙般懵懂，渐思渐悟，又如醍醐灌顶，在研读与实践中受益匪浅。其中感悟最深的，就是对"事实与思维"的理解。

怀特海在第九章"对若干科学概念的分析"中指出，"在事实和思维之间会存在一种差异。就自然科学而言，事实就是思维，思维就是事实"。即能影响科学的感觉呈现的事实，是那些参与直接理解的思维部分。同样，真正的思想表达，不管是初级，还是中级，都是科学所能解释的事实材料，区别在于：事实是既定的，而思想是自由的。怀特海的这一观点，我不能透彻地理解，就以六年级语文下册《两小儿辩日》的教学为例谈一谈自己的看法。

教材中两小儿围绕太阳是早晨还是中午距离我们近的问题各自发表看法，还各有各的证据，双方争得面红耳赤，谁也不能说服谁，就连大圣人孔子也无法解答。这时，我让孩子们利用所学知识来解答，孩子们一时答不上来。我让孩子们在白纸上画早上的太阳和中午的太阳，再来思考。学生在画时发现太阳的大小其实一样，只不过参照物不同，感觉不同，有时只是一种错觉罢了。至于热和冷，就像大家把手放在酒精灯上方和旁边，距离一样，只是一个直射，一个斜射，感觉不同而已。这是不是"事实就是思维，思维就是事实"的证明呢？

《教育的目的》有一个贯穿始终的理念，就是特别重视学习过程中的直接经验和直接体验，也就是第一手材料，不要让学生去学一些碎片化的、纯理念的东西，而是要从完整的第一手材料入手，让学生有直观的体验，这样的学习才是有效的。重视第一手材料，就是重视事实，这是思维的基础；没有对事实的体验，就没有思想的产生。而自然科学本身就是有逻辑的、层层相扣的，对它的探究就是对事实真相的探究，而思想也是基于事实才得出的。

古诗云："纸上得来终觉浅，绝知此事要躬行。"这与怀特海的观点不谋而合——在很大程度上，通过书本学习得到的通常是第二手信息，书本知识和亲身实践是相互促进的，但实践经验更重要。世界上很多自然规律被发现，都是源于人们对自然现象的观察。譬如牛顿从苹果落地发现了万有引力原理。当我们思考时，人脑会重现要研究的具体事实以帮助我们探究本源；而我们思考后的结论也需要真实图景来检验。

就如《两小儿辩日》教学中，教师借助直观材料引导学生运用已有经验、知识、方法去探索与体验错觉，体验知识的形成过程。我在教学生写关于"我的发现"的作文时，设置了一个有趣的互动游戏——"握不破的鸡蛋"，让学生上台来挑战，谁能握破鸡蛋谁就是大力士。孩子们一个个信心百倍，争先恐后地上台来尝试，结果都以失败而告终。在大家面面相觑的目光中，我鼓励孩子们去查资料，再从生活中寻找运用这一原理的建筑案例。孩子们认真查资料，有所发现，原来蛋壳受到四面八方的均衡的力，反而使之相互抵消，这一"蛋壳原理"广泛运用于建筑，如北京火车站、悉尼歌剧院的设计等。学生在互动操作中获取感性的认识，再抽象为科学原理获得新知，把学习过程变成了再创造的过程，同时学到获取知识的思想和方法，再以新知识为工具继续进行探索和发现。

语文课是这样，其他学科更应该这样。在教学过程中，教师要活用教材，注重对学生学习兴趣的激发，创新和利用学习材料，引导学生参与直观体验的探究中，让他们主动去寻找答案，发现规律，教会学生由事实到思维的学习方法。在这个过程中，要让学生多接触一些实际生活，多研究一些问题，让学生按照自己的本能自由发展创新能力。

聆听花开的声音

谭腊元

今日捧读怀特海的《教育的目的》，使我想起了我的从教经历。

作为一名小学老师，我曾经片面地认为，学生读书，就是为了将来考一所好大学。直到在这种教育理念指导下，我儿子出现了这样那样的问题，我才开始认真反思。

把目光投向我昔日的学生们：当年被老师们看好的许多学生，到了初高中，因竞争和压力增大，在情绪、学习、生活等方面产生了一系列问题，这让他们失去了许多宝贵的学习机会，在踏入社会后也屡屡受挫。而有的学生在小学阶段默默无闻，却在中学、大学阶段大放异彩，原来，这些孩子厚积薄发，找到了学习的乐趣、明确了人生目标。

再看看正在教的学生不堪重负的生活、学习状态，我不禁冒出了一身冷汗：我要改变，要尽我所能让学生健康、快乐地学习成长，为他们一辈子的幸福奠基。

认真思考和系统学习后，我一改以往以灌输为主的教学模式，开始对学生进行循循善诱式的引导、启发。

课前，我让孩子们带着问题去预习、探索。

课堂上，我用预先精心设计的环节，引导孩子们一步步深入浅出地理解、消化课本知识。几乎每一篇课文，我都会设计延伸训练，拓宽孩子们的视野，训练他们用独特的思维方式来解决问题。渐渐地，课堂气氛活跃起来了，孩子们妙语连珠的精彩回答常令我惊喜不已。

　　课后，我常布置一些孩子们感兴趣的家庭作业，引导他们自己去查资料、交流。同时，在删减了近一半的作业之后，我精心挑选了一些课外书让他们选读，和他们一起分享读书感受与收获。这样的师生共读，既培养了孩子们的阅读兴趣，又拉近了师生关系。课间，我与孩子们玩诗词接龙与飞花令，其乐融融中，孩子们提高了学习兴趣。

　　让我颇感意外的是，几次考试表明，孩子们的学习成绩不但没有退步，反而一次比一次好！我越来越坚定，这就是我想要的状态和结果。

　　我根据孩子们的成绩、能力、性格等特点，让孩子们自由组合成八个综合素质基本平衡的小组，并一起制定了班规。班规里更多的是对优良行为的加分和奖励。及时地总结、评比和奖励，让小组之间形成了你追我赶、力争上游的良好氛围。

　　多姿多彩的学习生活，令孩子们活泼开朗的天性展露无遗。孩子们也在形式多样、趣味盎然的日常活动中学会了与人相处。这种轻松愉悦的教学氛围，令我也备受滋养。我发自内心的赞扬与鼓励令孩子们眼里放光，这种赏识大大激发了孩子们的学习兴趣和内在动力。

　　一次次成功的体验，又使得孩子们对学习与生活的态度逐渐由兴趣变成热爱。如此良性循环，班上出现了很多才子：有屡屡发表习作的作家们，有能言善辩的超级演说家，有舞蹈表演小能手，有拥有众多粉丝的小歌星，有叱咤球场的足球明星……孩子们还多次代表学校、中心校参加市区级舞蹈、足球、语文素养比赛，走到哪里都给人留下一道阳光、自信、文明的风景——我所教班级连续四年被评为区级、市级"优秀班集体"，市级"文明班集体"。

　　我班与其他班比，生源并不占优势，孩子们能茁壮成长，既让我感动惊讶，也让我倍感自豪。很庆幸自己在还不算太晚的时候明白了教育的目的：让孩子在最好的方面成为最好的自己，因材施教，用心浇灌，就能静待花开，最终能聆听到花开的声音。

各美其美，美美与共

——读《教育的目的》有感

谭腊元

对于在一线的教师来说，《教育的目的》一书阅读起来有些许困难，它不同于其他的教育学著作，通篇没有故事式的教学实例，更像是凌驾于故事之上的教育哲学。从教育的目的出发，论述了教育过程中应把握的节奏、自由与纪律的关系、古典课程与现代课程的协调，以及对大学教育管理的诸多建议。每个章节看似深奥，细读之下不难发现字里行间隐藏着千千万万个教育故事，它用精简的文字、哲学式的语言引导着教师对教学产生更深层次的理解与感悟。

读完整本书之后，我反问自己，教育的最终目的是什么？推行素质教育的今天，毫无疑问是为了学生的全身心发展。在国家试行的各种标准与办法之下，教育之路熠熠生辉，课程、课题、校本融合探究下各个学校呈现一派各美其美、美美与共的和谐状态。如此繁盛、开放的教育状态，完美地印证了怀特海所说："切勿将教育从一种形式主义陷入另一种形式主义，从一团陈腐呆滞的思想陷入另一团同样没有生命的思想中。"循规立"教育"，创新教育新局面，去形式、切弱点，教育之态焕然一新。

最近几年学校大刀阔斧进行改革，脱离教师只教书、学校只管理的传统理念，开创校本课程、课题研究板块，促进教师专业化成长。学校独辟蹊径，以我为代表的三年级教师承担的课题为诗词研究。众所周知，诗词教学一直是小学生低段教学的难点，诗词晦涩难理解，除熟读成诵外，关于诗词的教学形式单一有限。我们创新性地进行课程融合，将语文与音乐学科进行结合，将诗词理解与美术学科进行连接。诗词不再是孩子们口中单调的背写填空，它变成了一首首古诗新唱，变成了一张张印象画作。《山行》的一片片枫林树叶，《夜书所见》的江上秋风，眺望着家乡灯光，诗人之情感昭然揭示。在学习中，学生们发现了大自然的美景，发现了古代文学的抒情之义。循规立"课程"，将课程融合艺术之美，革单一、点亮点，课程万象更新。

学科知识是传承也是创新，如何打破学科知识的壁垒便是难题。在我们的教育体制中，如果要避免思想上的僵化，怀海特提出要特别注意两条戒律：第一，不要同时教授太多科目；第二，如果要教就一定教得透彻。学科之间由其融通性，串联构建出学生完整的思维框架，从而更要脱离传统教学的枷锁，变更教学的多种形式。如本校实施的数学翻转课堂，将学科与智慧技术相联系；劳动教育课程与人文情感相交融，将教学置身于情境之中，充分展示寓教于乐的教学新形势。循规立"教学"，增情趣、填方法，教学之声令人耳目一新。

教育的目的本意是让学生循着正确的教育方法，去学习新的知识与技能，而我们在前行的路上给予他们营养，让其衍生出新的枝干，使学生通过树木而见到森林，循规却不蹈矩，向着目标徐徐前行。尊重每一个个体，给予新时代新生的力量，新时代、新教师、新风貌！

让我们的课堂教学各美其美、美美与共！

请保护孩子的好奇心

谭腊元

今天阅读《教育的情调》第3章——孩子好奇的体验，感触颇深。

孩子天生对每个事物都感到好奇，而成年人则需要去了解孩子好奇心的本质。我们应该怎样回答一个孩子的问题呢？我们常常批评学校扼杀了孩子天生的好奇心，扼杀了孩子学习的兴趣，那这些东西是什么？为什么会这样，它们是怎么来的，同时，好奇心就真的那么好吗？什么样的好奇心应该受到鼓励呢？

文中提到本和克里斯对昆虫的态度，作为教育者，作为家长，我们都应该引起深深的反思。

我记起了孩子小时候经常向我问问题。在公园里，他摇小树，我说不可以，他反问我为什么，我说："小树像你一样也会怕疼啊！"他一下子就接受了我的观点，立刻不摇了。这引出了他一系列的问题和想象，如看到天上的闪电和听到雷声，他会问为什么，我让他自己想，他说，是天上的两个小朋友闹矛盾了，所以就会有闪电，然后有一个小朋友哭了，所以就会有雷声。多么富有想象力的回答。看到下雨，他会说："妈妈，小树也要洗澡吗？"有一次，我在水洼里捉鱼，儿子在一旁看着，硬是不肯帮忙，我还不明所以，后来看到他写的一则日记《我是一条小鱼》，在他的文中，他把自己想象成是水洼中的一条小鱼，表现小鱼生存的艰难和无奈，我在他文中成了残忍的人类……

所以我认为保护孩子的好奇心和求知欲，作为家长、作为老师，都应该好好反思。我们总在责怪孩子缺少爱心和责任，那我们自己在教育孩子的阶段又做了些什么？

孩子能够提出问题，一位机智的教育者会让孩子一直保持提问的兴趣。而作为老师，作为家长，什么才是能够回答孩子问题的好故事呢？这是今后我们需要去探讨和深思的问题。

每一个孩子都希望被看到

——《教育的目的》读后感

谭腊元

"读书就好比串门儿"，自加入"真爱书友会"以来，与日俱增的阅读量让我的灵魂得以丰盈。在与书友们的交流与分享中，我享受着阅读带来的充实与静谧；在饱览教育著作的过程中，我不断汲取思想的精华，提升自己的教育理念。

在阅读中，我邂逅了众多教育学家，寻到了许多有益的书籍。其中，英国教育家怀特海的著作《教育的目的》一书让我爱不释手。这本书是怀特海于1929年完成的，虽然书中的内容不可避免地烙下了时代和地域的印迹，但很多观点影响深远，闪耀着智慧的光芒。我常被书中一些观点所震撼，继而重新审视自己的教育观念。

杨绛先生曾说："读书的意义大概就是用生活所感去读书，用读书所得去生活。"对此，我深有所感。昨天挑选参加升旗仪式《树诚信之风，扬诚信之气》的集体朗诵节目的同学时，我班的胡振祺很意外地坐得特别端正，这令我感到惊奇。因为他平时几乎每节课都会因为坐姿不端正、不认真听课、小动作多，或是和同学说话等原因受到批评。于是我点名让他参加。他听到被点名后的第一反应是瞪大眼睛盯着我，也不站起来，也不动，仿佛时间静止了。看着他没反应，我又重复了一次："胡振祺，请你来试读一下！"他站起来，用食指指着自己，不可置信地问我："我吗？"我点点头："是的，你来领诵。我最喜欢听你的声音。"看到我肯定的目光，他立刻拿起书本，用很大的声音开始领读。看着他专注而卖力的读书样，我就在反思：为什么他的反应会如此强烈？为什么他不相信我会让他领读？原来"调皮捣乱"这个标签已经不知从何时起，牢牢地贴在他身上了。他从未有过这种表现机会，也从未担过如此"重任"。后来，在微信中，他妈妈告诉我，孩子回家很是兴奋，从来不拿书读的他，在家练习了很久。

这不禁让我联想到《教育的目的》封面上写的"学生是有血有肉的人，教育的目的是激发和引导他们的自我发展之路"。怀特海关注作为个体的学生自身。在教学中，一旦你忘记了你的学生是有血有肉的，你就会遭遇悲惨的失败。

在我的教室里坐着的孩子，他们承载着父母及家庭对他们的期待，他们各自有着不一样的闪光点，需要我慢慢地去发现，去看到。因为"被看到"就意味着承认他是一个存在着的人，一个有独立意义的人。几乎每个班都不可避免地会存在后进生，他们因为长期找不到适合自己的学习方法，没有掌握学习技巧，而成绩不好，缺乏自信。事实上，每个人都渴望得到他人的欣赏与赞扬，后进生也不例外，尤其是那些正在转化之中的后进生更是如此。如果这种期待长期得不到满足，他们便会对自己丧失信心，甚至自暴自弃。

其实，学生的表现欲都很强，适时的表扬与鼓励会打开他们的心灵。只要发现他们有进步，哪怕是一点点进步，也要及时地表扬他们，尤其是要看到"角落里的孩子"。

我国的教育要求学生德、智、体、美、劳全面发展，然而我们需要认清一个事实：即使是最有天赋的学生，也不可能在每一个方面全面发展。因此，怀特海认为，"学习必须有所侧重"。用真诚去沟通，用平等来对话，等"后"花开，相信每个孩子都有属于自己的春天。

每一棵小草都需要阳光

谭腊元

今天，太阳刚露了头又躲进了云层。当我翻到《教育的情调》第5章的时候，"每个孩子都需要被看到"这个标题深深地触动了我。"每次相遇的时候，与世界的其他关联都被轻轻切断，留下的是人与人之间的诚恳的接触，但我们以双手和笑脸回应对方的时候，我们共同创造和分享着这段时空。"读着读着，我脑海中浮现出一个相貌黑黑的、怯怯的孩子的身影。

他叫政，是我在明山中学2005年所带班中的一个孩子。调入实验小学来的两年后的一天放学，夕阳的余晖洒满整个校园，我正在办公室批改作业。门卫室打电话来说："谭老师，有人找您，他说他是您学生政的父亲，但他说不清您的电话，您看……"我来到门卫室，一个戴着草帽，饱经沧桑的中年男子惊喜地朝我走来，过了半天，说："谭老师，我可找着您了，谢谢您，要不是有您，我儿子不可能有今天。他找到工作了，而且是在银行工作！我……我今天是特意来向您报喜和表示感谢的。""真的，真的向您道喜！"我也十分激动，因为政真的是一个特殊的孩子。

我刚带初一的时候，这个叫政的男孩就引起了我的注意。他的脸好像从来没有洗干净过。他不爱说话，平常也不和同学有什么交流。有一次，我让他把他同桌叫过来，他半天不动，我这才知道，他连同桌叫什么名字都不晓得。同学看他也像看怪物一样。带着疑问，我进行了家访。这是一个怎样的家呀——家里空间狭小，又脏又乱。我简单帮他收拾了一下，从他父亲的嘴里了解到政的妈妈从他出生以后就离家出走，至今未归。而他父亲又忙着街道的清扫工作，所以也没有时间管他。这孩子从小几乎和别的人没什么交流，小学的时候，由于怕给学校拖后腿，一到六年级，他从来没有参加过学校的期末考试。老实巴交的父亲虽然心有不满，但碍于孩子这种情况，也没有提出异议。唉，可怜的孩子，可怜的父亲！不抛弃不放弃，是我历年来工作的原则，何况是这样一个需要人疼爱的孩子。之后我和他父亲商定，如果他每天认识一个同学，就奖励他一块钱。慢慢地，这个孩子变得开朗起来，脸上多了笑容，不再是墙角旮旯里的小草，而是一株含笑的向日葵；学习成绩也渐渐提上来了，中考时他竟考上了四中！鉴于他的家境和英语成绩，我建议他去读职高，既可以为家里减轻负担，又可以对口升大学。他接受了我的提议，在职高表现非常优秀；后来真的考上了大学，并通过考核招聘进了银行系统工作。一个曾经有自闭倾向的男孩竟然找到了这么好的工作，我真为他和他的父亲高兴！

　　所以说，每一个人都需要被老师看到。他们就像小草，渴望老师爱的阳光普照。作为基层教育工作者，尤其要关注那些特殊的孩子，多肯定他们，多赞扬他们，肯定与赞扬激发的动力是很大的。

肯定的力量

谭腊元

我们的教育生活中会发生许许多多的小事，比如说老师的一个眼神，一句赞美的话，一个手势，一次座位的安排等，都会对孩子产生很大的影响，这是为什么呢？我们对这好奇过吗？教过多年书的老师都可能会有以下类似的经历。

一个二十几年前的学生，有一天突然拎着一大袋水果跑来见你："老师，您记得吗？您曾经在一次班会上说我很棒，我到现在还记得。"

有时候我们对于教育生活中的这些看似普通的现象，逐渐地不那么好奇了，看得多了也就视而不见了，变得麻木不仁，从而丧失了对某些生活体验的敏感性。

我想起了这个星期日，一个我曾经教过的学生，远远地跑过来跟我打招呼："谭老师！"语调明显充满了惊喜与激动。我猜了半天，哦，原来是曾经一个非常调皮、语文学习上有障碍的男孩子，现在应该读初三了。他很骄傲地告诉我，他和我曾经教过的同学在初中语文成绩都非常棒。看着他晶亮的眸子闪着自信的光芒，我也为他感到开心。我庆幸在他语文成绩成为班上倒数一名的时候，也不忘鼓励他："孩子你真棒，你的思维比我们班上任何孩子都好，要是能够再大胆一点儿，再努力一点儿就更棒了。"所以哪怕他的语文成绩落后，但他一直没有忘记努力。很久没有见到我，今天见到我非常的开心。

也许只是一个赞美的眼神，一句赞美的话，一个亲热的手势，甚至一次座位的安排，都能让孩子感受到你对他的爱，从而产生前行的动力。

孩子是天生的宽恕者

谭腊元

今天早上，我终于领到《教育的情调》这本新书了，就像恋爱中的少女终于等到了她的情郎。摩挲着书本，书封底上的话，深深地吸引了我——"孩子是天生的宽恕者，这促使我们承担起责任，努力做一个好家长好老师，从某种意义上说这些任务很紧迫，作为父母或老师，我们意识到了如此无条件的原谅和宽恕，这让我们愧疚，我们必须永远为真正的教育努力奋斗，不辜负孩子们给予我们的信任，不滥用他们的原谅和宽恕。"读到这里，我想起了小时候一件事。

有一次因为骂了脏话，我受到母亲的责罚。母亲揪住我的头发把我摁在门前河沟里，一边流着泪一边问我："以后你还骂不骂脏话？"母亲极少打我，她这次真生气了！看来我今天犯的错误性质挺严重。不过脾气倔强的我一直不肯服软，鼻子里呛了很多的水。当时我想，我一旦有了独立能力，一定远远地离开这里，再也不要见到她。有好心的邻居把我解救了，妈妈也气得泪眼蒙眬。奇怪，当中午饭菜香飘入我的鼻孔，"腊元，吃饭了！"一声亲切的呼唤传来，我刚才的委屈和恨意都跑到爪哇国去了。心中还有一丝窃喜，原来妈妈没有不要我，是我自己犯的错误太严重了。真的，孩子是天生的宽恕者。

这个道理同样适用于老师。老师处在父母的位置上，利用最原始的亲子关系中孩子总想要取悦父母的愿望，不断地形成和加强师生关系。在一些重要方面，老师就像父母。孩子们需要老师理解他们，信任他们，老师的理解和信任对孩子们人格和成长的影响是不可估量的。

是的，教学是一项教育性的任务。有时老师在处理师生关系时难免会犯错误或判断失误，重要的是学生是怎样体验老师的关爱的，一位有责任心和爱心的老师始终能于学生们和谐相处。我不由得想起了昨天发生的一件事。

按照惯例，我总结了一天中同学们的表现，不认真的留下来罚扫地，然后我送其他同学走出校门。等我回到教室，发现那些留下打扫的同学全都走了。所谓打扫，只怕是在"画大字"，这群在蜜糖罐里养大的孩子啊，真令我头疼！我皱着眉，拿起扫帚，准备把犄角旮旯里的垃圾清扫一遍，再消毒。"谭老师，您休息，我来！"一个声音传来，吓了我一跳，原来是小孟同学！这个孩子很聪明，但是多嘴多舌的毛病一直难以改掉，这不，今天又因为上课插嘴，扰乱课堂纪律，被留下来扫地。不过这个孩子很诚实，也很有责任感。班上的牛奶要从1楼提到5楼，他负责提，负责发，天天开开心心地做，从无怨言。刚才我没注意，他低着头一个人在清扫犄角旮旯里的垃圾，满脸通红，满头大汗，全然忘记了我刚才对他的严厉批评。论劳动，他真是一把好手！我们俩把教室清理完，消完毒，我请他吃西瓜。他一边吃西瓜，一边看我批改作文，嘴里突然冒出一句："谭老师，您好辛苦，每篇文章都要改这么久，我如果明天再不把字写好，上课再插嘴，我就太对不起您了。"

今天，小孟同学在班级表现栏里果真没有上黑名单，而且放学的时候又主动留下了打扫卫生。没想到就这样一个不经意的举动感化了他，所以说孩子是天生的宽恕者，这也促使我们承担起责任，努力做一个好老师。

怎样做受学生欢迎的老师

谭腊元

昨天，我们举行"感恩教师节"主题班会，我让三名学生主持。唐心妍提出一个问题让大家交流："你最喜欢怎样的老师？"她点名叫了最喜欢拖沓的蔡锦润回答。他眨了眨眼，望了望我："我最喜欢严格要求的老师。"他话音刚落，大家哄堂大笑，因为在大家印象中，他最懒散，哪位老师对他要求严格，他就向父母甚至校长投诉。看来他长大了，知道该有个严格的老师管着他。张睿说："我喜欢博学的老师，比方我们的谭老师，语文、数学都精通！上课幽默，风趣。下课和我们是朋友。"

看来，要想当个受欢迎的老师，还得全能博学，严格温柔，幽默风趣……

接下来，我反问一句："大家对老师要求挺高的，说说怎样做才是感恩老师吧！"这下，孩子们安静了。不过一会儿后，出现了一片"手的森林"……

教育真是个"针线活"

谭腊元

今天，英语老师气冲冲地向我告状，课堂纪律差，她上不下去了！至于哪些人，她也说不上来，我只能先安抚好孙老师，然后凭感觉点了一部分人到孙老师面前，果不其然，就是这些"油条"！

哎，天天是这些面孔，上课不听，还插科打诨，作业乱做，错误百出，考试交白卷，每天无忧无虑！教育这些"熊孩子"真难！

《教育的目的》封面上写着"学生是有血有肉的人，教育的目的是激发和引导他们的自我发展之路"。看来，我得先教育，再通知家长配合学校进行教育，下午再调整座位！

教育真是个"针线活"，细致耐心才能绣出好"绣品"啊！

教育者要有些气象

谭腊元

"真爱书友"的胡斌老师的感言太精彩了！让我感动，摘引如下：

衷心感谢各级领导对我这名老教师的厚爱，几十年来，党和国家教育我、培养我、引领我爱岗敬业、教书育人、报效祖国，真是恩重如山。

回顾往昔，我只是坚守了一名新中国教师的本分，自己的贡献甚少甚微，真感到名实不相符。自己工作的时候以为自己已经竭尽全力，但是今天来衡量，由于水平所限、专业能力不强，就那么一点儿本领，因此，经常发生捉襟见肘之事，遗憾颇多。回顾往昔，总觉得对当年教过的学生，深感内疚。

我个人力量是微小的，而祖国教育事业需要千千万万优秀教师。新中国的教育，从体量，发展规模、速度而言，从我们追求的理想境界、高远目标而言，在世界上是绝无仅有的。因此，我们需要数以百万计、千万计的教师胸怀壮志、立德树人，充分发挥自己的聪明才智，谱写新时代教育的新篇章。

我自己总有这样的想法，就像曹操的《短歌行》里所讲的那种"求贤若渴"——"青青子衿、悠悠我心，但为君故，沉吟至今"。我作为老教师，对教师队伍中的优秀者、杰出者，我是心怀感激、不断思念和无尽崇拜的。

而今天不仅仅是求贤若渴，我们还要造就贤才、造就人才。我不断思考，日夜期盼，中青年教师也要抓住时代机遇，倾心、醉心教育事业，自觉成长、快快成长，成为教师队伍中的能人、贤人、智者，成为习近平总书记所讲的"有理想信念、有道德情操、有扎实学识、有仁爱之心"的"四有"好老师，勇于承担新时代的教育责任，创造我们新时代的教育辉煌，恩泽莘莘学子。

感谢各级领导对我这名"草根"教师的厚爱，这个平台对我的研究只是一个引子和原点，搭建这个平台是为了让广大教师，尤其是优秀教师能够交流思想、传播育人经验，我们要团结一致，群策群力、攻坚克难，共同研究新中国教师成长规律，并付诸行动，让我们的基础教育队伍涌现出大量的卓越教师，才不愧对这个伟大的时代。

人是要有点儿气象的，教育的质量说到底就是人的质量，是教师和学生的质量。从事教育的人就要有点儿气象。在当今国内外纷繁复杂的形势下，教育者就更要有些气象，要自强不息，厚德载物，情怀博大，躬身践行，我们心中经常有天地之气在回旋，我们中华民族伟大复兴之气经常在胸中升腾，人就会高大起来，脊梁骨就会硬起来。当我们的老师正气凛然、德才全面提高的时候，学生就能终身受益，培养出来的人才质量就是最了不起的战略财富。我从教的准则是：理想就在岗位上，信仰就在行动中，要锲而不舍，坚韧不拔，奋勇前进。愿与老师们共勉。

要让学生掌握学习的5把"刀"

谭腊元

今天读《给教师的建议》第49条——"要让学生掌握学习的工具"。这是一种什么工具呢？这种工具有5把"刀"，即5种技能：读、写、算、观察、表达。这5种技能合起来就构成一个总的技能，即会不会学习。

令人发愁的是，在许多学生身上，阅读没有变成一种"半自动化"的过程。我们看到许多儿童在读某一段课文时，把全部的精力都用在阅读过程本身上去了，儿童浑身紧张，脸上冒汗，生怕把某一个词读错。他碰到多音节的词，就读得结结巴巴，实质上不能把这些词作为统一的整体来感知，因为他已经没有剩余的精力去理解所读的东西的含义，他的智慧的全部力量都消耗在阅读的"过程"上去了。可是如果只看到这个过程本身，那么表面上看起来是令人满意的，而正是这种表面上的一切顺利把小学教师们弄迷糊了。

不知大家有没有发现，在小学的阅读课上，实际上读得很少，而关于阅读、关于所读的东西的谈话都很多，阅读常常是被各种各样的"教育性谈话""教育性因素"取代了。低年级教师克服了这种缺点，他们开始研究和计算儿童在课堂上和家里究竟读了多少东西，以及应当读多少东西才能完善地掌握这种技能。等到了高年级，我们更要重视语文综合性学习的教学，可以通过语文、数学等学科素养大赛来推动课堂对学生5种技能的培养和训练。

所以，每个小学老师都应该有长远的目光，着眼于学生学习能力的培养。

巧学之才能乐学之

谭腊元

今天读了《给教师的建议》第48条——"要思考，不要死记"。文中强调了思考的重要性，道出了死记硬背的害处。将这一点与我们平时的课堂联系起来思考，大有裨益。

就拿我们的英语课来说，低年级的孩子，尤其是三四年级的，学英语单词和句子主要靠模仿老师和磁带发音，很多单词他们老是记不住，也不会思考我该怎样才能记住这个单词和句子，只能在书上记上汉语和拼音，不按规则来记忆，而死记硬背，到头来单词是记住了，可是不会用，也不理解，到考试的时候也不会融会贯通，成绩自然就不会好。所以说思考在我们学习过程中是很重要的。

我记得以前有一个同事，她的英语课堂活泼生动，有时把学生带入"菜市场"，有时把学生带入"水果园"，孩子们兴趣盎然，英语成绩自然好。

我又联想到我教孩子们识字，可以鼓励学生们自己想办法来识记，加一加，减一减，换一换，编顺口溜，编故事，猜谜语等，只要能记住，都是好方法。教学"御"字时，学生编故事："有个行人，走到午门必须止步，否则大刀伺候！"经过自己思考了的东西还有什么记不住呢？巧学之才能乐学之！

老师们，同学们，让我们思考起来吧，你会发现世界会是另外一个样子！

架设通往抽象真理的桥梁

谭腊元

今天读到《给教师的建议》第30条——谈谈直观性问题。

培养注意力的唯一手段就是施加作用于思维，而直观性只有根据自己思维的过程，起着促进注意力的发展和深入的作用。物体的直观形象本身也可能把学生的注意力吸引住一段相当长的时间，但是利用直观性绝不是为了整节课地抓住学生的注意力。倒是为了在教学的某一阶段上，使儿童摆脱形象，在思维上过渡到概括性的真理和规律性上去。

记得四年级给孩子们上一堂作文课，要求写自己的观察和发现。我拿了一个鸡蛋给孩子们看，并告诉他们，老师手中的这个鸡蛋是个大力士，谁也握不破，不信的话可以上台来挑战。这对孩子们来说简直是天方夜谭，大家一个个摩拳擦掌、跃跃欲试。我先故意挑了一个力气小的女同学上台，这个同学脸憋得通红，也没有把鸡蛋握破，台下的孩子纷纷质疑，认为老师故意挑选力气小的。于是在大家的一致推荐下，一个人高马大的男生上台了，他先做了热身运动，大吼一声，可用尽九牛二虎之力，鸡蛋仍然完好无损。在大家面面相觑中，我让大家思考为什么鸡蛋握不破，最后再告诉他们其实这是鸡蛋的“薄壳原理”，它已经广泛应用于各大建筑。这节课让孩子们记忆犹新，多年以后他们还能清晰地回忆出课堂上的那一幕！

使用直观手段架设通往抽象真理的桥梁，这要求教师有很高的科学和教育学修养，懂得儿童心理学，懂得掌握知识的过程，同时在运用直观性时，必须考虑到怎样由具体过渡到抽象。

请记住，没有也不可能有抽象的学生

谭腊元

请记住，没有也不可能有抽象的学生！

为什么早在一年级就会出现一些掉队的、考不及格的学生，而二三年级有时候还会出现"无可救药"的学生呢？这是因为教师在学校生活的最主要的领域——脑力劳动的领域里缺乏尊重儿童个体差异的态度的缘故。

我们不妨打个比喻，让所有刚刚入学的7岁儿童都完成同一种体力劳动，例如提水，一个孩子提了5桶就筋疲力尽了，而另一个孩子却能提来20桶。如果你强迫一个身体虚弱的孩子一定要提20桶，那么这就会损害他的身体，他到明天就什么也干不成了，说不定还会躺到医院里去。儿童从事脑力劳动所需要的力量也是像这样各不相同的，一个学生对教材感知、理解、识记得快，能记忆得长久而牢固，而另一个学生的脑力劳动进行得就完全不同，对教材的感知很慢，知识在记忆中保持不久而且不牢固。可是到后来，后一个学生在学习上、智力发展上，比前面那个学习较好的更有可能取得大得多的成就。

学习上的成就这个概念本身就是一种相对的东西。对一个学生来说，5分是成就的标志，而对另一个学生来说，3分就是了不起的成就。有时要善于确定每一个学生在此刻能够做到什么程度，如何使他的智力、才能得到进一步的发展，这是教育技巧的一个非常重要的因素。

我的第一本班级日志

谭腊元

读《教育的目的》，我想说在职业生涯中，我们永远都是爱教育的"小学生"，永远走在探索教育真理的道路上。我有一本发黄的笔记本，那是我第一次当班主任时的第一本班级日志，已经过去了20多年，几经搬迁也没舍得扔掉这个本子。今天再细细看来，上面记载的每一个名字后面，都能映出一张清晰的笑脸。

一天，儿子发现了这个本子，然后饶有兴趣地翻开阅读，不一会儿大笑着说："妈妈，你们班怎么全是坏同学呀？"

是啊，我当时怎么没有意识到呢？翻开微微发黄的日记本，每一天值日班长都十分工整地记录着当天的班级情况：某某上课讲话被老师批评啦，某某今天作业没有交啦，某某哄闹被老师扣分啦……

20多年后再看到这本班级日志，我有太多的后悔，难道我20多年来只记得他们的过失吗？如果当时我用的是优点版，那20多年后，我的儿子或者其他人在看到这个本子的时候，对这个班级又会是一种什么样的感觉呢？这是我带的第一个班，也是投入感情与激情最多的一个班。如果时光能够倒流，我一定不会再用这样的日志，我会用放大镜去捕捉学生每一个细小的进步，我会用照相机去定格学生成长的每一个精彩瞬间，我会用录音机去留住学生青春最美的声音，我会用教育博客去记录发生在班级中的每一个动人的故事……

班级日志到底是用来捕捉学生的过失，还是用来放大学生的优点的？

其实，好学生是被表扬出来的，如果我们能改变工作思路，不断地让学生在自主管理中学会发现别人的长处，对班级来说一定会有意想不到的效果。

每一朵花都需要阳光雨露

谭腊元

昨天布置写一段"总—分"仿写的作业,翻阅学生的作业,写××同学调皮、粗心或勤学的居多。突然,一个孩子的作业吸引了我的注意——"谭老师是我见过的最优秀的老师。课堂上,她的讲课最幽默生动;检查作业时,她的批阅最一丝不苟;处理学生纠纷时,她对待同学最公正。"能得到孩子这么高的评价确实让我很欣慰,而能得到小周这个同学的高度评价,则着实让我内心震撼!

记得刚刚接手158班时,小周就给我留下了很深的印象。他孤僻,不做作业,老师批评他时他竟还大发脾气;默写考试,不写一字,还一脸的无所谓;与同学闹矛盾,宁死也不道歉。幸亏我接手158班时,我已经有了心理准备,因为已经有同学告诉我,他经常和老师顶嘴,不把老师放在眼里,教他的前几任老师都被他气得够呛。

那天,他又没交作业,课代表找他要,他还大吼大叫,课代表眼泪都气出来了。对此,我决定先冷处理,再进行家访。我根据"班级信息家庭住址"找到了他的家。他正坐在门旁看课外书,没有注意到我的到来,直到我故意咳了一声,他才抬起头来,眼里写满了惊讶。我打量了一下房子,屋子里陈设十分简陋,客厅里赫然挂一张黑白遗像,难道……我牵着他的手说:"小周,你能给我解释一下你今天作业没做的原因吗?"此时的他已变得十分平静,没有了在校时的玩世不恭。他小心地说:"谭老师,昨晚我妈妈很晚才回来,她还喝醉了酒……"说着说着他眼眶红了,眼泪吧嗒吧嗒地掉下来。我的心湖也不平静了。"能和老师说说你的家吗？"我把手搭在他的双肩上，抚摸着他的肩膀柔声问道，他看了一眼遗像，然后抽泣着说："我爸去年暑假突然得了重病，离开了我们，留下很多债务。妈妈要打工，很晚才回来。昨天妈妈不知为什么喝了那么多酒，我心疼妈妈，得照顾她，所以……对不起！"他抬起泪眼，眼里流露出歉意。哦，原来是这样，我的眼睛潮湿了，幸亏我今天及时进行了家访，否则我的怒斥和惩罚，该带给孩子怎样的伤害呀！

我用手摸着他的头说，"小周，你是个好孩子，你是妈妈的小棉袄，也是妈妈的希望啊！你必须认真学习，不要让妈妈操心，是不是？你能做到吗？"看着小周坚定的眼神，我庆幸我选择了退让，选择了家访。正说着，孩子妈妈回来了。看到我的到来，她感到十分意外和兴奋，真有点儿"受宠若惊"的感觉，我当着孩子妈妈的面表扬孩子懂事、孝顺、体贴。也许是听惯了老师的告状，这次听到老师这样夸自己的孩子，孩子妈妈感动得眼泪都出来了。孩子妈妈向我反映，孩子在家和她交流不多，脾气倔，以前经常和老师顶嘴，和同学打架，老师没少告状。她也多次教育他，可他左耳进，右耳出。现在孩子父亲去世了，孩子更加难管了！自己既要上班，又要管孩子，真是心力交瘁。今天第一次听到老师这么夸自己孩子，她真是高兴，感觉生活有了盼头了。我偷眼看了一下小周，发觉他低着头在用心听着，不时点着头，脸上飞上了两朵幸福的红云。

之后我经常找他谈心，趁他开心的时候和他聊聊家常，谈谈理想。一有机会我就当众表扬他。渐渐地，他变得愿意接近我，不再反感我的教育，于是才会发自肺腑地写下了这样一段话，表达他的心声。

正如英国教育家怀特海的著作《教育的目的》中所说，其实每一个孩子都是一朵花，都需要阳光雨露，都需要被看到被欣赏。

让书香浸润我们的每一天

谭腊元

今天端午节，难得静下心来读读书。读了苏霍姆林斯基的著作《给教师的建议》，我深深受到了启发。的确，这些建议使作为教师的我们有了更明确的方向，给了我们极大的帮助，它就像一盏指路明灯一样。

尽管今天的教育形势比苏霍姆林斯基写书的年代有了很大的变化，但他的闪着智慧光茫的思想、精练的语言，对今天的教育工作者来说，丝毫不显过时。它仍像一场及时雨，滋润着干涸的灵魂。它像与教师面对面一样，针对教师的苦恼与困惑娓娓道来。尤其在读到"教师的时间从哪里来"一段时，确实让我产生了很大的共鸣。作为一名教师，的确发现时间总是不够用，每天总是备课、制作教具、上课、写反思等，仰望时钟，一天时间匆匆过去，可收获却不大。

《给教师的建议》这本书给了我们一个很好的建议：那就是读书，每天不间断地读书，跟书籍结下终生的友谊。他还在书中举了一个例子，一天，一位老教师上了一堂非常精彩的公开课，她的风采吸引了在场的所有老师。当别人问她"你花了多少时间来准备这节课"时，这位老教师说："对这节课，我准备了一辈子，而且，对每一节课，我都是用终生的时间来准备的！"感动之余，我也豁然开朗。我们总在抱怨着时间的流逝如水似箭，可老天总是最公平的，它给我们每个人都是一天24小时，问题还是出在疲于应付上，整天是事情在后面追着自己而没有主动去做事。

从今天起，我要做一个有时间规划的人，做一个热爱读书的教育者！让书香浸润我们的每一天！

用爱去培育每一朵花

谭腊元

今天读《教育的目的》，我想起了上一届所教班级中代表我们学校去参加"美好生活，劳动创造"演讲比赛的何妙言同学。

刚见到她的时候，她那怯怯的眼神，不自信的举止给我印象很深。但这个孩子酷爱画画，于是我借活动的机会，当着全班同学的面大力地表扬她，私下又鼓励她："你是老师见过的最优秀的孩子，但要想走得更远，就需要把学习成绩提高！"她在我的鼓励下成绩越来越优秀，各方面的能力越来越突出，不仅能歌善舞，还可以演讲、主持！看着孩子在演讲台上落落大方的举止、自信的表情、抑扬顿挫的声音，我倍感欣慰！

我又想起了这一届所带班级中的成芷晗同学。曾经的她十分害羞，上台讲一句话，声音小得恐怕只有她自己能听见吧，而且讲一句话就要大吐一口气，呼吸急促，手还不停地捏衣角。但这孩子上课很认真，爱看书，文笔不错。对此，我拿我自小胆怯但一次又一次抓住机会锻炼自己的事例来鼓励她，帮她制订计划，先从好书推荐开始。让她先在我面前说，我一句一句进行指导，包括语气、表情、手势，再到全班面前说，孩子的胆量和自信慢慢培养起来了。上一周，学校年级组进行即兴演讲选拔赛，在众多实力派选手中，她表现得自信从容，引名言、举事例，娓娓道来，最后以总分第一的绝对优势高居榜首！

回首每一个孩子的成长经历，我不由得感悟：其实每一个孩子就像是一朵花，她都需要被看到，需要你用爱去浇灌和培育！

为谁辛苦为谁甜

谭腊元

读了《教育的目的》，这几天我一直在思考，我们教育人一天从早到晚忙忙碌碌，真可谓为学生辛苦为教育忙，想到这儿，心里不由得泛起一阵酸涩。

6点50分，提着满满一袋子课本资料走出家门。抬头看天，天气憋闷得让人心烦。我长舒一口气，尽量让自己保持一天的好心情。

7点到校门口。一杯豆奶，两个烧卖，简单地吃了个早餐。

7点10分，走向我们的环境区。一天的时间，跑道上、文化走廊上、花园绿篱旁，都落满了厚厚的落叶。孩子们的清扫任务很重，为了不影响学习，每个小组负责打扫一周环境区，来得早的已经在打扫了，为了督促他们快点儿扫完，每周的第1天，我都会带着他们一起搞卫生，之后他们就会完成得很快，这样每个孩子的劳动责任感和劳动能力都能得到加强，这学期我们班被评为了卫生班。

7点20分，我提着行囊爬上5楼，打开教室的门，推开窗户通一会儿风，然后打开空调降一下温，这么做是因为我们的教室在顶楼，而且一整天都被太阳照着。学生陆陆续续来了，便组织他们进行早读。

上午，上了1节课，听了2节课。第1节是徒弟张老师的教学比武课，近段时间和她一起钻研教材，一起探讨教学各个环节的设计，听课—磨课—上课—磨课……张老师的接受能力很快，教学的责任感很强，今天的课发挥得真不错，为她点赞！

第4节把椅子搬到教室，边看作业边督促孩子们认真听讲，因为近段时间他们的学习成绩有所下降，我得督促他们守纪律，认真听老师上课。

好不容易放学了，想想下午要进行期中考试总结，奖状、奖金还没落实。我得加班书写奖状，至于奖金，待会儿和李老师商量。

12点30分了，急匆匆赶回家弄好午饭，估计今天休息的时间都没有了。

下午第1节课期中考试总结，看着领到奖状和奖金的孩子笑靥如花，没领到的孩子在暗暗为自己加油鼓劲。第2节课上课，第3节晚辅。实在太累了，把今天的晚辅和李老师的对调了一下。

放学了，组织学生排队回家，而我的工作并没有结束，白天批改作业、处理学生的纠纷，有时甚至作业都可能看不完，因为班上的孩子太多了，所以有时候得把作文带回家批阅，还要备明天的课。

10点，打开微信看看有没有落下学校发的重要通知，有没有忘记回复个别家长的信息，然后和个别家长聊一聊孩子近段时间的学习状况，以求孩子能取得更大的进步。有时还要处理学生在学校未能解决的纠纷。

11点，想想还有"学习强国""真爱梦想读书打卡""师政道法学习"未进行，赶紧打开手机、打开电脑、打开书，开始学习。

12点30分，上下眼皮都要打架了，想想明天又是新的一天，赶紧睡觉。

梦里，我在锻炼身体；梦里，我在悠闲地看电视；梦里，我在和家人远足……

我把我的心情日记发到班群，引来许多家长留言，甚至有个家长打趣说，结尾应加个彩蛋：谭老师梦醒了，新的一天，孩子们以优异的成绩、优秀的习惯、良好的学习品质顺利毕业，谭老师甜甜地笑了，那么美！

也许这就是我们教育人忙忙碌碌所期待看到的吧！

保持教育的敏感性

谭腊元

读了《教育的目的》，我有时很迷茫——为什么我一而再，再而三地反复教育，有的孩子的问题总是层出不穷呢？比如说我们班的小明，在家长面前总是扮成一个受害者，其实追究问题的根源，他才是罪魁祸首。就拿今天来说吧，几个孩子在吃早餐，他拿出一元钱往地上一扔，说谁捡到就归谁。几个调皮鬼就真的去抢，等有人真抢到手了他又去索回，于是矛盾又产生了！先是言语争吵，进而肢体冲突，小明又用电话手表向妈妈哭诉自己被人欺负了，几个同学要打自己还逼自己道歉……

唉，类似这样的纠纷，不知道每天要处理多少次。但问题性质很严重，我又不能不处理。我决定把这件事情拿到班上去讨论。我给学生讲朱自清宁死也不肯吃美国的救济粮和"不食嗟来之食"的故事，告诉大家做人要有骨气、有尊严！要想得到别人的尊重，首先要学会尊重别人。

之后我和孩子的爸爸妈妈交流了，他们说孩子最近刷短视频刷得比较厉害，可见任何事情都是有其原因的。借此，我在班上强调，对于网络上的东西要学会取其精华，弃其糟粕地接受。

你看，一次小小的打架事件，牵出很多的问题！作为教育人就应该有教育的敏感性，这样才能发现问题，找出问题，解决问题，从而达到教育的目的。

父母是孩子永恒的生命范本

谭腊元

昨天是周末，有一位家长陪孩子来小组排练剧本。因为没有家长的组织，孩子又没有到齐，所有的孩子都处于一种无序打闹的状态。这位家长在排练群中说："明天肯定是群魔乱舞。"还让自己的孩子离开了排练场去干自己的事。最终，这个小组因这位孩子的率先离场而无法排练，只能草草散场。

我当时就含蓄地批评了她，反观另一个小组的家长，不仅全程陪护，还热情地组织、指导，为孩子们拍视频、打印资料，做好后勤服务和安全保障，节目排练得以顺利进行。

由此我想到，教育的目的是什么？就拿这次课本剧排练来说，我们不仅仅是教会孩子学语文用语文，更重要的是培养孩子在集体活动中学会顾全大局，学会承担责任，学会换位思考，最后学会成长！我们做家长的，只有在背后默默地支持、鼓励、协调，才能成为孩子成长的推手！

对父母而言，教育孩子是一场漫长的修行。父母的一言一行直接影响着孩子，父母的每一个决定都有可能改变孩子的人生。然而，教育孩子没有范本，没有标准，只有是否用心。

孩子是天生的模仿家，会无意识地模仿父母的一言一行，甚至连父母的小动作、口头禅都模仿得惟妙惟肖。这种潜移默化的影响，我们可能察觉不了，但会改变孩子的一生。

比如有的孩子学说话时，会模仿父母的发音、语气、用词；哪天你不小心说了一句脏话，过几天你会发现，这句话居然从孩子嘴里说出来了。这就是孩子"吸收性心智"的力量。

0~6岁这个阶段，是孩子吸收性心智发展的关键时期。这个阶段，孩子接触到的任何事物、语言，都将在他的大脑中留下印记。

放弃说教，身体力行，率先垂范，才是给孩子最好的习惯教育。培养孩子的习惯，不能高高在上地指点，必须亲身示范。父母都无法百分百做好，又如何要求孩子做得完美？你和孩子的距离越近，孩子就越愿意亲近你，向你学习；你对待孩子的态度越恰当，孩子就越愿意尊重你，信任你的教育。孩子未来能走多远，我们都不知道，但父母的教育格局，决定了孩子未来的高度。

父母是孩子永恒的生命范本！你想让孩子成为一个什么样的人，你先做一个那样的人给他看。

让你的阳光洒进他的心灵

谭腊元

读《教育的情调》，感觉是和一个朋友，一个知己心灵对话，让我的情感有了宣泄的出口。

昨天，有孩子向我举报："老师，小希拖小轩进女厕所！"我头脑一炸，小希，不是昨天才被批评，检讨书还在我那办公桌里躺着呢，检讨书言辞诚恳，认错态度蛮好，今天怎么……我走进教室，目光搜寻到他，将他请进办公室，平日一向倚仗数学成绩而傲骄的他今日耷拉着头。我说："我想知道为什么。""没为什么，搞着好玩的。""那我请你妈妈过来……"他马上紧张起来，我知道孩子爸妈对他要求挺严，但喜"武打"，故只要有人投诉，他就得受一顿皮肉之苦！久而久之，孩子就把"恨"转嫁给告状投诉之人，看来，昨日之事也是此原因。

"小希，我可以不把今天的事告诉你家长，但你必须端正态度，好好认错、改错！"小希的头立即抬了起来，刚才还很排斥的表情，现在立马变得柔和起来……接下来师生的交谈变得非常顺利，我告诉他做人要像鲜花一样让人想靠近欣赏，而不是像玫瑰一样浑身长满了刺，只要人靠近，就会受到伤害。我希望他做一个向真向善向美的孩子，让周围的人都喜欢他。孩子点点头，表示以后会多主动利用自己的特长去帮助周围的同学，让他们和自己交朋友……

走出门，孩子蹦跳着走向教室，看来，他真的认识到了自己的错误，其实，多与孩子沟通，孩子才会向你打开他封闭已久的窗，你的阳光才会洒进他的心灵！

沉默也是一种教育的情调

谭腊元

今天最后一节课，我讲评读后感时，讲到奥斯卡·王尔德的故事《快乐王子》，说实在的，这本书我只是看过简介，何不让孩子们自己来介绍呢？素称"故事大王"的唐心妍举起了手，她动情地向同学们介绍了《快乐王子》的主要内容和打动她的情节，然后我问同学们："快乐王子最让你感动的是什么？"有的同学说是快乐王子的爱心，有的同学说是快乐王子牺牲自己的奉献精神，然后我又引导孩子们："那你觉得生活中有没有快乐王子这样的人呢？"同学们纷纷举起了手，有的说是出差一千里，好事做了一火车的雷锋，有的说是84岁高龄不顾危险坐镇武汉的钟南山，有的说是无数逆行的勇士——白衣天使及舍小家顾大家的志愿者……有的说快乐王子就在我们的身边，那些主动为班级服务的人，那些在公交车上热心让座的人，那些在斑马线上扶老人过马路的人……一种关乎心灵的美好，交织在大家讲述的过程中，深深地净化了不少孩子的心灵。

我慢慢合上课本，教室里一片沉寂，连那些并没有被故事真正打动的学生们也停止了讲话，这种沉默也是一种情调，它不仅仅是声音的消失，也有它自己的内在品质。在寂静中老师合上了课本，但是故事却久久地回荡在空中，让人回味无穷。这是深思式的沉默，这是反省式的沉默，这种交流的氛围，何愁孩子们不会写读后感？何愁孩子们得不到心灵的启迪？

让学生愉快地接受你的表扬和批评

谭腊元

"表扬孩子既可能带来积极的结果，也可能带来消极的结果，表扬应该是有意义的，而不应该是不加区别地给予的。"——《教育的情调》

在10多年的读书生涯中，有不少老师教过我，他们上课都有自己的风格，都给我留下了深刻的印象。

读初中时，语文老师钟老师是一位严格的老教师，他上课很有激情。我想我对于语文、对于作文的兴趣也源自钟老师吧。他经常会在班上表扬我，但每次表扬，他都是有理有据，比如我的作文写得好，上课认真听讲，积极回答问题，考试又考了年级第1名等。听着老师表扬，我就像吃了人参果一样，特别舒爽。

读师范的时候，我们的语文老师张国荣老师也是一个和蔼亲切的老头儿，他经常笑眯眯地在班上表扬我，说我文章写得生动，不去投稿可惜啦。听着老师的赞扬，享受着同学羡慕的眼光，我真的有点儿飘飘然。不过每一次写作我都会非常认真地对待，目的是想得到老师的肯定。

但记忆中有一次表扬来得有点儿难堪，那是来自我初中的数学老师。数学课堂上，有一个男同学正在捣蛋，不认真听讲。我的老师就批评他不守纪律，不爱学习，继而表扬我是班上年纪最小却非常认真、学习成绩最好的同学，让他向我学习。当时老师情绪有点儿激动，可能是恨铁不成钢吧，所以批评那个同学的时候言辞有点儿犀利。那个男孩子明显情绪也很激动……虽然之后这个同学受教育以后认识到了自己的错误，但我想，这也给他们彼此留下了不愉快的回忆，这一次的表扬让我心有余悸……

　　每一个孩子都需要肯定，每一个孩子都需要被尊重，所以老师在表扬和批评某一个孩子的时候就要考虑到孩子的心情，虽然老师出发点是好的，但如何让学生愉快地接受你的表扬和批评，是我们今后应该反思的一个问题。

培养和保持教育的敏感性和机智

谭腊元

作为教育者，无论我们的内心多么充满善意，我们的言语和行动所表达的意思，仍然可能与孩子体验到的意思对不上号。

翻开《教育的情调》，读完第1章的3个小故事，其中的《父母亲》这个小故事让我感触颇深。同样是练琴，第一位母亲的表现是："该练琴了。"练习小提琴是这位母亲和孩子之间的一个契约，练琴还没有开始，两个人就都在心里希望早点儿结束，果然很快孩子就问："妈妈，我累了，我能等会儿再练吗？"于是小提琴被搁置一旁，没有什么比一个人不情愿地拿出令他觉得不自在的乐器更让人难受的了。孩子对情绪和气氛的每一点儿变化都很敏感，显然这个家庭对一起演奏音乐并不感兴趣。而第二对父子的表现则迥然不同。一位父亲从琴盒里拿出大提琴，兴致盎然地拨动着琴弦，看得出来他的动作透着耐心和专业的严谨，没有丝毫忙乱，这是演奏前的准备阶段，是兴之所至的时刻。一首舒缓的曲子从大提琴中传出，这不是在告诉你该练琴了，而是一种诱人的邀请，房间里飘逸着动听的音乐，演奏着的身体也随着音乐摇摆……

教育的敏感性和机智是一种特殊的才能，它与我们为人处世的方式有关，它是一种既来自心灵也来自头脑的认知。世间没有两个一模一样的孩子，孩子们也不可能用完全相同的方式去体验相同的情景。我们班上有61个同学，正如61片树叶，没有两个是一模一样的。我们不可能苛求故事中前面那个孩子的母亲像后面那个孩子的父亲一样，去营造让人乐于参与的氛围，就如同无法让一个不懂音乐的人去欣赏音乐，让在井底的青蛙去练习飞翔，让鸟儿去河中学习游泳。

我们需要有针对性地观察，聆听具体情境中的某个具体的孩子，或某群具体的孩子们的心声，和他或他们进行互动，给予他或他们反馈，进而培养和保持教育的敏感性和机智，有了丰厚的思想基础，我们和孩子们相处的敏感性和机智才会不断提高。

阅读也一样，或许我们没有读过孩子们读过的那些书，无法和他产生共鸣。但我们可以当忠实的倾听者，可以当他的粉丝，或许这样孩子们阅读的激情一样也会被点燃。

种树者必培其根，种德者必养其心

谭腊元

一般每节课我都会结合相关的知识点，讲述我成长过程中的小故事，一来可以加深学生对知识的理解，二来也能拉近与学生的距离。

记得上《慈母情深》一课时，我深情地向同学们朗读我写给我母亲的一封信；上《父爱之舟》一课时，我读我写给父亲的《您今夜还入我的梦吗？》。我对父亲母亲的爱洋溢在字里行间，读到情深处泪自流，为孩子们感恩父母做出了很好的示范。昨天在上《梅花魂》的时候，我又动情地讲述钱学森、邓稼先、施一公、南仁东、哈佛八剑客等爱国科学家的赤子之心……我想，真善美的种子不就是这样悄然种下的吗？

青少年阶段是人生的"拔节孕穗期"，最需要精心引导和栽培。语文课作为落实立德树人根本任务的关键课程，应以"培根铸魂、启智润心"为宗旨，给学生的心灵播下真善美的种子，引导他们扣好人生的第一粒扣子。

营造有温度的课堂氛围，应给予生命平等的礼遇。就像世界上没有两片完全相同的叶子一样，每个学生都是独一无二的生命个体，具有自己与众不同的特点。

"有教无类，爱无差等，扬长发展"是我始终秉持的教育理念。我充分尊重学生个体差异，善于发现他们的长处和闪光点，因材施教，因势利导。

老师是学生成长中的"重要他人"，来自老师的情感支持，是影响学生心理健康和社会适应程度的重要因素之一。在日常教育中，我非常注重情感投入，坚持用爱心打动学生，用行动引领学生。无论是学优生，还是学潜生，当学生有困惑、有烦恼时，总能及时给予开导，鼓励他们坦然面对成长中的挑战。

对随班就读的智障儿童、自闭症儿童，给予平等的尊重和接纳，不厌其烦地悉心引导他们融入集体生活。对结对的"学困生""行困生"，或赠送书籍，或手写寄语，潜移默化，涵养学生的进取心、是非观。

"大家不同，大家都好"，让每一个学生都能感受到老师对自己的公平对待与关怀，体会到被尊重、被肯定、被信任的感觉，获得归属感、价值感。

营造有温度的课堂氛围，应塑造学生的公民意识。作为班主任，培养有信仰、有思想、有尊严、有担当的现代公民，是当仁不让的责任。我坚持实践"小课堂、大社会"班会课改思路，探索开放式、活动型班会课教学模式，努力使班会、德育课有意思更有意义。

庚子春日，通过自省课、主题课、微感言、以案说法、新闻播报等形式，师生共上包含生命教育、公民教育、国情教育、国际理解教育的思政大课，感悟磅礴的中国力量和中国精神。

今年3月，我又以"青春正绽放"为题，开设开学第一课，借助《觉醒年代》中风华正茂的爱国志士与屹立喀喇昆仑的卫国成边英雄，带领学生跨越时空进行了一堂生动鲜活的思政教育课。学生在情境对话中达成情绪共振、实现情感共鸣，意识到一代青年有一代青年的担当。

营造有温度的课堂氛围，应汲取生活的源头活水。社会生活是最生动、最真切的教育资源，学生身处的区域环境、社会都是学习成长的教室和课堂。

逢电影院有主旋律电影上映，我就推荐学生去观看，将思政课"搬"进电影院，引导学生从《道德与法治》学科视角出发，感悟电影的思想内涵。有学生观看《八佰》后写道："历史是沉痛的、悲壮的，而民族精神是厚重的、深沉的。致敬先烈，吾辈自强！"去电影院看电影并不是新鲜事，但带着思考去看电影，既丰厚了电影的人文厚度，也提升了学生的思想高度。

博物馆、纪念馆是更广阔、更丰富的思政课堂。寒暑假，我建议家长带领孩子开展"'走读'百年党史"研学活动，带学生走进红色教育基地，"置身"于党史文化现场，直接"触摸"党史文物，与史籍文献"对话"，与英雄人物"神会",身入其境,感触百年历史脉络,感受时代发展变迁。学生们经受了深刻的思想洗礼,革命先辈的理想信念、精神品格转化为青少年健康成长的精神之"钙"、力量之源。

"种树者必培其根,种德者必养其心。"当班会思政课教育带给学生内心的光明,让学生领略到人性的高大与伟岸时,学生的生命才至善至美,教育才显其价值。

有时，孩子也是我们的老师

谭腊元

那一年我17岁，刚从益阳师范毕业，任教于我的母校丰安中学。我头上扎了个马尾辫，为了让自己成熟点儿，特意去买了一双高跟鞋，目的是不让自己走路时蹦蹦跳跳像个学生。可是走上讲台的那一刻，竟然还有几个男同学在下面向我招手，我走过去，原来他们以为我是他们的同学，让我赶紧到台下就座，耐心等老师来上课……

当时的我真的很尴尬，因为我的第一届学生比我小不了多少，有一个同学因为留级，好像年龄比我只小几个月！面对这样的"大"学生，我心里多少有点儿忐忑。我虚心向别的老师请教，努力钻研课本教材，力求让我的教学变得生动，吸引这群"熊孩子"。其实想想，面对年龄和他们差不多的老师，他们也渴望亲近老师，毕业这么多年了他们还亲切地称我为谭姐老师！说也奇怪，我教的第一届学生距现在已经20多年了，但我还清楚地记得每一个同学的名字！我想我当时真的是全身心地教书，全身心地投入！每一个孩子我都去家访过，所以，亲其师，信其道！教学的效果，也是显而易见的。

有一次，我出去培训一周，回来后，有很多同学向我告状，矛头都直指一个人——小波，那个有名的"淘气包"。这个同学就连走路，一路上的小狗小猫他都要去祸害一下，何况是同学？那天，我生气地让他放学留下上"政治课"，他一脸不屑。可放学后同事找我参加一个活动，我全然忘了这件事，等到我想起时，天都黑了！我急急忙忙借了一辆自行车往学校赶，心里想，就他这调皮性子，应该不会还在学校吧！到了学校，我往教室跑去，天哪，他竟还在那等我！这时，我所有的怨气都不见了，取而代之的是愧疚、自责、感动。我赶紧送他回家，我问他："你怎么不回家？""我答应老师留下来就应该说到做到！"

面对他纯真的眼眸，我感觉自己是个做错了事的小学生，我红着眼睛说："你真是个言出必行的男子汉！"

有时，孩子也是我们的老师！

教师应该敢于范读，乐于范读

谭腊元

刚才听了田老师的朗读推广，深有感触！记得在益阳师范读书的时候，有一位叫邓怒涛的老师让我印象非常深刻。当时教我们语文的张老师因病请假，邓老师代我们一周的课，我记得她给我们上了《小二黑结婚》《荷花淀》，因为是小说，故事很长，平常老师的教法一般是让我们默读，了解课文的内容。可是邓老师不是这样教的，她是用她声情并茂的朗读，带我们走进课文。她的朗读让我们认识到一个个栩栩如生的人物形象，根本无须分析，我们就完全掌握了人物性格。教过我的语文老师很多，唯独邓老师给我的印象最深，虽然她只给我们上了几节课。所以语文课上的老师范读非常重要！

但是近年来，随着信息技术的推行，教师的范读越来越多地被多媒体所替代。课堂上，多了优美的录音，少了教师的示范朗读。这种做法有利有弊。好处是，多媒体上的范读毕竟从各个方面来说，优于我们教师的范读。弊端是那种范读缺少了人与人之间的情感交流，人毕竟是感情动物，就像小孩子学说话一样，如果只让孩子听录音说话，他就体会不到与父母的感情交流，也有可能根本学不会说话。

首先，对于低年级学生来说，我认为教师的范读是不可缺少的，因为低年级的学生没有朗读的技巧，但他们的模仿能力较强，教师进行范读，让他们通过模仿掌握一定的朗读技巧，然后内化，进而结合自己的理解表达出来。虽然单纯的示范模仿和朗读技巧的训练在领悟和传达情感的过程中必不可少，但更深层次的领悟则需要学生在充分的朗读和阅读中自悟自得。

其次，在教学中要给学生充足的朗读时间，古人云："书读百遍，其义自现。"在教学中让学生反复读，通过各种不同形式的读，让学生在读中悟，悟中读。苏轼也曾说："旧书不厌百回读，熟读深思子自知。"也强调了书多读的好处。

最后，在教学中教师要充分尊重学生的独特见解和阅读感受，只要学生的见解、感受能够自圆其说，有一定的道理，就应该给予肯定。就在前两天，我在教学二年级语文17课的古诗《望庐山瀑布》时，有学生通过朗读，提出了这样的问题："为什么'日照香炉生紫烟'的'生'用这个'生'，而不用'升旗'的'升'？"其中一个孩子给她做了解答："因为太阳照在瀑布上，才能有雾产生，所以这里用'生'而不用'升'。"其实，有时孩子们的阅读感受我们是无法想象的。我在教学中都是先自读，然后适时范读，再放手让学生自己读，反复读，然后交流自己读懂了什么，还有什么不懂的。这样，每节课孩子们都能带给我们意想不到的惊喜。

那么，到底是教师亲自示范朗读好呢，还是使用名家范读录音好？众说纷纭，莫衷一是。我个人认为，两者之间不是二选一的问题。

如果教师发音标准，语感强，节奏好，音色美，那么就没必要使用名家范读录音。毕竟，老师的现场亲自示范更有亲和力，更有感染力。学生耳听其音，眼观其形，老师朗读时的神态、动作、语气、情感能更直观地呈现在学生面前，学生更容易捕捉，更容易受感染。老师在声情并茂地朗读，学生在静静地听，细细地想，认真地看，积极地悟。此时的课堂上，教师、学生、文本三者融为一体，学生注意力集中，学习效率高，理解力强。而老师在一次次成功地引领学生朗读中树立起了绝对的威信，学生把老师看作是自己学习的榜样，自主地模仿，甚至超越老师，逐步形成自己独特的理解和感悟，这恐怕就是朗读教学的最高境界了。

如果老师发音不准，语感不强，朗读效果较名家范读录音相去甚远，那么，我们一方面要努力完善自我，不断提升朗读水平，一方面要正确认识自我，不能给学生低质量甚至是错误的导向。这时不妨就直接使用名家范读录音。孩子们的模仿、适应能力是很强的。不要让孩子们一开始就走弯路，毕竟先入为主，第一印象最为深刻，之后再改是很困难的。

善之本在教，教之本在师。教师范读不能丢，教师要敢于范读，优秀的语文教师更应该乐于范读。唯有声情并茂的范读，才有可能让自己的语文课堂更有语文的韵味。

"童心童读，同编共演"家庭阅读活动方案

谭腊元

为培育和践行社会主义核心价值观，落实立德树人根本任务，以提高广大学生乃至家庭文化素养为根本，以培养学生养成良好阅读习惯为重点，以形式多样的读书活动为载体，激发学生阅读积极性，努力塑造内涵丰富、特色鲜明的"童心童读，同编共演"书香家庭，从而推进"书香校园"文化建设，特制订本方案。

一、活动目标

（1）帮助家长充分认识早期阅读的重要性，营造良好的"相伴共读，书香润德"家庭阅读氛围，让书香计划走进每个家庭。

（2）让更多的孩子与家长能与书为友，多读书、读好书，在陶冶情操、滋润心灵的读书活动中，学会关注自然，关心社会，关爱他人。

（3）促进孩子认知发展，为家长重拾童心创设活动平台，指导家长在与孩子一同读书、一同创编、一同表演中，享受亲子共读的乐趣，培养孩子良好的读书习惯，提高孩子们的阅读能力。

二、活动对象

四年级全体学生及家长

三、活动口号

童心童读，同编共演

四、实施步骤

（一）启动阶段（9月上旬）

利用家长会、"校比邻"、微信群下发"'童心童读，同编共演'家庭阅读活动方案"，指导家长正确认识自己的示范在孩子的成长过程中的重要作用，明白阅读在一个人成长过程中的重要意义，了解活动的大致要求，动员全体家长积极参与活动，为活动的开展做一定的准备。

（二）实施阶段（9月中旬至12月底）

（1）根据学生的学情，教师向家长推荐亲子阅读书目，协助家长为读书活动选取必备的书籍（纸质书或电子书）。

（2）通过家长会、家访或"校比邻"、微信等平台指导家长进行亲子共读。具体从以下几个方面进行指导：

① 每日共读。每天花20—30分钟时间和孩子一起读书，并利用"校比邻"读书打卡竞赛或利用微信朋友圈，发图片或者配上简短文字。

② 每读共思。在亲子共读中，家长提出一些问题让孩子思考回答，加深孩子对书中内容的理解，促使孩子主动阅读、主动思考、主动探索，培养孩子观察、分析及初步推理等能力。

③ 读后共联。根据阅读的内容，家长可以在阅读后和孩子一起朗诵、画画、表演，将阅读活动进一步延伸，激发孩子的阅读兴趣，拉近亲子距离，促进两代人心灵的交流，与孩子一起在阅读活动中成长。

（3）教师定期了解每位学生的家庭亲子共读情况，及时给予帮助并搜集比较有价值的方法和经验。

（4）读书交流：

① 教师就本班和别班亲子共读中出现的一些共性问题和有效的方法进行归纳总结，并组织家长讨论和学习。

② 节假日开放学校图书馆或班级图书角，以班级为单位，邀请学生家长协

助指导学生进行借书还书，交流亲子阅读经验。

③年级组进行"故事爸妈来了"活动，邀请热心的家长来和孩子们合作讲故事，以此增进家校联系和亲子关系。

（三）总结和延伸阶段（一月下旬）

（1）评比书香家庭和阅读明星。（每班5名）

（2）各班汇报演出。（孩子和家长同台表演自编自演的读书节目）

附："书香家庭"评选标准

1. 家里有书柜，有一定的藏书量。

2. 孩子每天阅读课外书，按老师要求做好记号、摘录或做读书笔记并坚持打卡发朋友圈。

3. 家庭成员有共同学习、相互交流的良好习惯，能定期共读一本书。

4. 家庭成员指导孩子童话剧小组汇报演出获奖或在"故事爸妈来了"中表现优秀。

5. 家庭能定期为孩子购买一些文学书籍，并能让"图书漂流"。

6. 经常带孩子到有关图书馆、图书室、新华书店等开展读书活动，并担任家长义工。

相伴共读，书香润德

——"童心童读，同编共演"家庭阅读活动总结

谭腊元

古人云："读万卷书，行万里路。"可见阅读对一个人的重要性。为了让更多的父母参与亲子共读，投身到培养孩子读书兴趣的教育中来，本学期我校在中年级开展了"童心童读，同编共演"家庭阅读推广活动。此次活动得到了不少家庭的大力支持，取得了良好的效果。

一、推荐好书，激发兴趣

适合孩子年龄和心理的书，才能让他们感兴趣，也才能真正滋养他们的精神。因此，我们学校利用"校比邻"平台，向家长推荐适合孩子阅读的书籍。我们先后推荐了《童年》《皮皮鲁传》《鲁滨孙漂流记》《西游记》《水浒传》《一千零一夜》《高士其科普童话》《爱的教育》《昆虫记》等。要求每天坚持亲子阅读半小时，填写好《亲子阅读记录卡》。每天5分钟，参与"校比邻"亲子阅读打卡活动，平台会每天自动统计数据，然后家长悄悄为孩子准备一份惊喜，届时由老师颁奖。父母最了解自己的孩子，所以为他们挑选的礼物也别出心裁，最为孩子所喜欢，孩子读书的积极性会被极大地调动起来。

二、亲子共读，同编共演

双休日学校开放图书馆，以年级为单位，邀请每个班在前期阅读打卡活动中做得好的家长和孩子来校共读一本书，家长还可以当义工，协助孩子选书、

还书。每周五邀请家长代表到学校，利用午读课和自己孩子合作表演故事，或进行好书推荐。活动形式新颖，孩子们兴致很高，也推动了亲子阅读。

三、指导阅读，提质增效

得语文者得高分，得语文者得天下。我校不仅要求亲子共读好书，同时还不遗余力地通过"校比邻"、微信群指导家长亲子阅读的方法。

（一）猜猜是哪本书

从孩子较熟悉的书中，请孩子选择一个故事、一个场景或出现过的形象进行讲述，父母认真倾听之后猜猜它出自哪本书、哪个故事。爸爸妈妈们肯定很聪明，很轻易就能猜出答案，但在孩子面前，爸爸妈妈一定要当个不那么聪明的"学生"。你得假装猜不出来，让孩子把故事的结构再理一理，或者再多说点儿细节，你要假装很努力地去猜，甚至有时你得故意猜错，从而促使孩子更仔细地看原文，培养孩子仔细阅读的好习惯。

（二）我的舞台我做主

选择书中的一个场景，指导孩子分配角色设计情境，爸爸妈妈按需要参与其中，还可邀请小组同学来参加，比比谁演得更像。把书中的情节表演出来，是理解的最高境界。表演不但要明白故事情节，还要领会角色的感受、情绪，想象并演绎出角色的动作、表情，一点儿都不简单。

（三）读书跷跷板

家长读一页，孩子读一页，读后将自己阅读的部分讲给对方听。因为爸爸妈妈的词汇更丰富、语言表达更有条理，在轮流讲述中可以引导孩子表达得更有逻辑。从片段到条理化，可以升级为家长和孩子一起读一本书，一人读一部分，然后一起把整个的故事串起来。这是帮助孩子提高复述故事兴趣的一个有效方法。因为每个人的阅读内容都不连贯，必须相互交流才能知道整个故事的全貌。读相同的故事，爸爸妈妈和孩子之间会有更多共同的话题，效果不错。

（四）我的最爱

家长和孩子彼此交流书中最喜欢的某一段落、某个故事或者某个角色，分析记忆深刻和喜欢的原因，由阅读引导思考就这么简单。这样的交流，正是教会孩子领会真善美和建立价值观的过程。如果彼此喜好一致，那就算一拍即合、心有灵犀，如果不一样，请讲出理由，并试图说服对方吧。

经调查，老师们将这些"小把戏"分享给家长后，普遍反馈效果不错，孩子们的阅读兴趣被充分调动起来了。那些对阅读不感兴趣的"熊孩子"，对演绎故事情节兴趣浓厚。平常连一句完整的话都表述不清的他们，竟在剧本排演过程中能完整、流利地复述台词，并乐此不疲，还嫌戏份不够，台词太简单。

四、评优鼓励，总结提升

通过这次活动，我们评出了优秀"书香家庭"。蔡晨研、陈沂汐、徐芷芊、陈梓琪等学生所在的45个家庭光荣地被学校授予"书香家庭"称号，并颁发了"书香家庭"证书。蔡晨研家长感言这一次活动，让他重温了童年的读书梦，再次感受到了书香的魅力。唐心妍家长感言，"童心童读，同编共演"活动的开展，让我为女儿找到了"兴趣"这位老师。罗哲宇妈妈说，感谢阅读打卡活动，让孩子养成好的阅读习惯，就像一日三餐不可不吃，书也不可一日不读。亲子共读营造了良好的学习氛围，提高了学生读书兴趣，实现了家长与孩子共同阅读、学习、生活、成长。此次活动让学生、老师以及家长都获益匪浅。

不可否认的是，通过"书香家庭"活动，我们发现孩子与家长之间的沟通越来越多，家长对孩子的辅导能力越来越强了。亲子共读，丰富了家庭文化生活，读书活动让不少学生家长放下手机，和孩子一起走进了"书乡"，每天晚上都抽出一定的时间和孩子一起阅读。读书活动让家长和孩子的视野都开阔了，孩子的识字量增加了，阅读能力也提高了。

一本书，两代人。"童心童读，同编共演"活动的开展让我们看到了这样的温馨画面：在温和的灯下，家长和孩子打开同一本书，一起阅读、讨论、学习，家长做孩子学习的伙伴。有的家长还把读书的内容和感受，发到"班级微信"或"校比邻"中的"孩子成长档案"里，让阅读真正走进孩子心灵深处，让书香浸润家庭。家长与孩子共同分享读书的乐趣，让育人的空间从学校延伸到校外，从而更好地发挥家庭的育人功能。徐芷芊的爸爸说："'童心童读，同编共演'活动让我在与孩子一同读书、一同创编、一同表演中，享受亲子共读的乐趣，也培养了孩子良好的读书习惯，提高了孩子们的阅读能力。"

本次"书香家庭"评选活动从制订方案、宣传发动到评选结束，历经四个多月的时间。从各班上报材料来看，也存在个体差异。有的家长对这项活动认识不够，有些家长因实际困难不能与孩子一起读书；有的家长坚持的时间不长，一天、两天可以，一星期、两星期还行，可是时间长了就坚持不下去了。但作为家长，也应总结反思一下自己在此次活动中的表现，真正为孩子的读书、成长着想了吗？为争创"书香家庭"尽心了吗？是心有余力不足，还是根本就没有参与意识和竞争意识？如果每位家长都能跟孩子换位思考一下，也许您就会"己所不欲，勿施于人"，而不再对孩子苛刻要求或求全责备了。

为营造良好的"相伴共读，书香润德"家庭阅读氛围，让书香计划走进每个家庭，我们希望通过今后的努力，让每个家庭都能建设好孩子的书房，争取让更多的孩子和父母共同享受读书的乐趣，让书香弥漫家庭，让书香润泽生命。

下 篇

诗意教育

当"传统朗读"遇上"视频朗读"

谭腊元

最近学校组织全员教学大比武，我有幸领略了许多老师精彩的课堂，但也发现了一个怪现象，那就是随着信息技术在教学中的广泛应用，很多语文教师在课堂上摒弃了传统的范读，以听朗读录音或者看朗读视频取而代之，而且面对学生念经似的唱读都没能及时给予纠正指导，甚至违心称赞其"太棒了"，这是怎么了？

《义务教育语文课程标准》（2011年版）明确指出，各个学段的阅读教学都要重视朗读和默读，各学段关于朗读的目标中都要求有感情地朗读，这是指，要让学生在朗读中通过品味语言，体会作者及作品中的情感态度，学习用恰当的语音语调朗读。朗读本身是枯燥乏味的，作为小学语文老师，应努力营造朗读教学的良好氛围，多管齐下，促进学生愉快朗读。

一、重视多媒体条件下教师有感染力的范读

范读是语文教学中必不可少的环节。好的范读，不仅有生动的语言，还有一定的表情，以及无声的动作语言。教师范读时可通过自己朗读的语气和自身的情绪来感染学生，引发学生共鸣，激起学生朗读兴趣，而这种感染力是任何媒体所无法替代的。

如我在教学《狮子和鹿》，范读小鹿"狮口逃生"这一情节时，我特意选择配上"十面埋伏"这一古典音乐，营造一种紧张的气氛，学生也迅速被带进了情境中，这就是借鉴但又不依赖多媒体的范读带来的神奇感染力。

二、重视对学生朗读的有效指导

（一）用激励性语言促读

低中年级孩子的注意力不易集中，要想让他们很投入地朗读，教师必须巧妙利用激励的方法指导学生朗读。

——哇！听了你的朗读，我仿佛看到了小鹿正在湖边对着湖水欣赏自己美丽的身影呢！你能不能再给大家读一读？

——哇！他的朗读可真棒，这简直就是个"读书小天才"的水平，有谁也想来当"读书小天才"？

——这几句话很难读，不知谁有勇气来挑战？

——我怎么这么幸运遇到你们这一群聪明的孩子？二年级孩子却有五年级孩子的朗读水平，我还想再听听你们的天籁之音！

用现在很时髦的话来讲，也许这就是教师的人为"炒作"，但只言片语能迅速点燃孩子们朗读的热情，何乐而不为呢？

（二）借助情境表演促读

课堂表演，能为学生创设一种轻松愉快、生动活泼的学习氛围。因此，在朗读教学中，教师要加强学生的角色体验，促使其感受语言文字的魅力，提高语文朗读水平，这种角色体验包括分角色朗读，演课本剧等。

教学实例《狮子和鹿》。

师：（多媒体出示相关图片）你们看，鹿正对着池水欣赏自己美丽的角呢。此时它的心情怎样？（高兴、得意、惊异）

让我们也来当一回小鹿，把桌面当湖面，也对着湖面照照自己美丽的身影，来发出赞叹。（学生接读句子"啊！我的身段多么匀称，我的角多么精美别致，好像两束美丽的珊瑚"）

这一环节利用信息技术，采用了图文结合的模式，将鹿得意地欣赏自己美丽的角的句子和体现鹿扬扬自得的样子的图片结合展示，使学生的注意力专注于有趣的图文上，他们在朗读时也能更投入感情。

又如我在教《去年的树》这篇童话时，对本课中小鸟寻找大树的三次询问，我不知该如何进行朗读指导。我假设了种种教法，总觉得很做作，最后，我决定用分角色朗读，让孩子们在朗读中去体悟。我用饱含深情的语调引读："'它们就这样依依惜别，便做了约定。第二年的春天，小鸟满怀期望地跑回来找它的好朋友大树，然而往日朝夕相处的伙伴却不见了，它不顾一切地找哇，千里迢迢地找哇，历尽千辛万苦。'在寻找大树的过程中，有了下面的三次询问，老师先请同学们在三人小组中合作练读。"孩子们有模有样地读起来。我巡视了一圈，然后点名小组展示评价。

生1：我觉得小鸟应该读得焦急些。

生2：鸟儿问了那么多人，找了那么多地方，都没有大树的消息，它还不灰心，我觉得这时的小鸟还有恳求的语气。

生3：我觉得树根应该读得悲伤一些，因为小鸟和大树是好朋友，命运相连，如果一方不见了，另一方应该十分悲痛。

接下来我又把课堂还原为游戏的场景。"那一声声急切地询问，流露出小鸟对大树的无限深情，读着读着，谁被小鸟这一份真情感动了？谁？"孩子们的目光随着我转移。我让孩子们不拿书，学小鸟飞，飞到谁的身边，那个同学就当他的配角读，还可以用上自己的语言。一石激起千层浪，孩子们兴趣高涨，一声声情真意切的朗读，一张张表情丰富的小脸，让我激动不已，原来朗读表演可创造出如此幸福的境界！

我又趁热打铁，尝试让孩子们创编课本剧，可以用唱词来抒发自己的情感。我先示范："我有问题要问你，树儿哥哥在哪里？它是我的小伙伴，没有它我不能活。"孩子们的热情又被点燃。你听："你要问它哪儿去，它变火柴被为人劳，点灯劳作别伤心，灯光闪闪望着你。""小鸟呀，对不起，火柴已经用完了，虽然它已不在了，却把光明送我们。"一声声歌唱对答，代表着孩子们对课文的理解与创编，这不就是我们语文老师所追求的吗？

（三）调动想象促读

苏霍姆林斯基说过，"儿童是用形象和色彩说话的"。在朗读教学中，教师可借助色彩鲜明的图画，把学生带入课文情境，让学生在想象中朗读。我在教古诗《天净沙·秋思》时，让孩子们通过想象，用手中的画笔把诗歌展现给我们的画面画下来，孩子们立马兴致勃勃地提起笔来，画面上萧瑟的秋天，夕阳西下，一株掉光了叶子的老树上爬满了枯萎的藤，树上栖息着一只呱呱叫的乌鸦。古道上，一匹瘦骨嶙峋的马上坐着一位同样消瘦的诗人，望着前方溪水边，一户人家正围坐在桌旁吃饭谈笑……通过画面，孩子们又一次亲历了语言文字，在图画与文本的巧妙联系中，文字变得有声有色起来，朗读起来自然有滋有味。

我在《狮子和鹿》课文教学中引导学生感受鹿"态度的改变"时，采用了"以看视频引读"的方式，让学生将注意力较好地集中在多媒体视频的范读中，再通过配乐情境引读，"请大家假装置身于茂密的大森林里，后面是紧追不舍的狮子，多么紧张，多么危险的时刻啊，注意你就是那头小鹿，把鹿换成'我'的口吻，带着你的害怕和紧张来配乐读读第六段"，"就在鹿抱怨的时候，危险也向它逼近了。忽然听到远处传来一阵脚步声（学生接读：'哎呀，一头狮子正悄悄地向自己逼近……'）"，这样既让学生感受了鹿逃亡时的惊险刺激，又集中了学生的课堂注意力，也提升了学生的朗读水平。

（四）抓关键词促读

在阅读实践中，学生自己读文本，阅读层面往往比较单一，这时教师要做的，便是利用语言点的挖掘，适时引导他们发现关键词，体会关键词在表情达意上的作用。

我在听赵老师教《雪地里的小画家》时，他先是出示一幅幅冬天雪景图，然后问："小朋友，下雪啦，你们喜欢吗？为什么呢？"孩子们有的说可以堆雪人，打雪仗，有人说白雪茫茫很漂亮。老师顺势而问："那你们怎样把这个好消息告诉你的小伙伴呢？谁来读一读？"教室里一声声兴奋的朗读，代表着孩子们对文本的理解，接着，老师又问："你觉得雪地里来的小画家多不多？你又怎样通过你的朗读来告诉大家呢？"孩子们自然把目光聚集在"一群"上，读时加重语气。你看，抓住文本中的关键词，能迅速帮助学生走进文本，理解文意。

（五）采用孩子们喜闻乐见的形式促读

生动活泼的朗读形式，既能激发学生朗读的欲望，又能吸引学生主动融入阅读情境，感受语言的神奇，内容的丰富多彩，内蕴的意味深长，与作者心灵相通，感悟美，体验美。

前不久我有幸聆听了赵志祥老师教《童谣·童读》。一节课，整整90分钟，二年级孩子始终处于兴奋状态，源于赵老师采用了孩子们喜闻乐见的形式来诵读童谣：快读、慢读、配乐读，用方言读、拍节奏读、歌唱形式读、踏浪式朗读……既让孩子们在朗读活动中加深了对中国传统节日文化的理解，也培养了孩子们一颗"中国心"，这样的课堂不正是我们每一位教育工作者所期盼的吗？

在语文课堂上，最动听的声音莫过于琅琅读书声，课堂因朗读而鲜活灵动。在信息技术越来越发达的今天，当"传统朗读"遇上"视频朗读"，我们不能过分依赖信息技术，要让孩子们主动地去读，愉快地去读，这就需要重视教师真实亲切而又有感染力的示范朗读，也要重视采用多种手段有效指导孩子们朗读，这样既培养了孩子们的朗读兴趣，又提高了孩子们的朗读能力，真正实现了语文的和美课堂。

浅谈如何创设情境让学生爱上作文

谭腊元

长期以来，作文教学是语文教师面临的难题之一。对于学生而言，写作文也是语文学习中最头疼的事之一。纵观当前小学作文现状，大多数学生写作文都不是出于情感表达需要，而是为了迎合教师或社会的评价标准，被迫"奉命写作"。作文缺少个性，结构程式化，内容雷同化，语言表达成人化，找不到童真童趣。而教师也只是为了完成教学任务，注重作文技巧、结构模式的指导，极少关注学生的生活体验，忽视对学生体验的激活及情感的引领，整个教学过程缺乏生机和活力。俄国著名教育家乌申斯基曾经说过："没有丝毫兴趣的强制性学习，将会扼杀学生探索真理的欲望。"我认为语文教师应善于在作文教学的前奏中下功夫，那就是要精心设计，努力创设情境，诱发学生写作的欲望，激活学生说与写的愿望。那么，如何在作文教学中创设情境呢？我在日常教学的摸索中积累了以下几点经验。

一、联系生活实际来创设情境

找准小学生生活的热点、焦点，创设一定的生活情境，让说话、写话成为儿童生活的有趣部分。如我在教学四年级下册第23课《渔歌子》时，最后还剩下10分钟左右的时间，我让孩子们联系最近学校开展的活动或自己的生活实际也来填词一首，写一写自己的《渔歌子》，并限定5分钟完成，看谁是我班的小词人。话音刚落，孩子们跃跃欲试，不到5分钟，就有十几个孩子上台要求主动展示。颜浩宇写道："南洲广场风筝飞，白云悠闲鸟儿肥。运动衣，遮阳帽，乌云密布不思归。"杨佳霖写道："铜身塑像立门前，湖水碧玉如翡翠，桃花红，柳枝绿，德昌公园真是美。"李如康写道："乡下儿童钓鱼虾，静待水中鱼饵动。长钓竿，小草帽，天上烈日何须怕。"聂思宇则写道："绿草坪上踢足球，你来防守我来攻。左一脚，又一踢，踢到球门刚刚好。"刘俊杰不甘示弱，他写道："操场上面球儿飞，运动员们兴致高。白球服，黑球鞋，不进球来不罢休。"台下举起的小手像树林，真是一石激起千层浪，生活的素材多之又多，说的欲望也就势不可当，直到到了下课时间，学生说的兴趣依然不减。联系生活情境营造语言交流氛围，有利于学生从生活中发展语言，创造语言。

二、用丰富的活动来创设情境

新课标指出："要充分利用现实生活中的语文教育资源，优化语文学习环境，创造性地开展教学活动。"造成目前学生"卡文"的主要原因，应该是作文环境单一，可供写作的材料太少，总是写那些司空见惯的事，难以勾起他们的表达欲望。叶圣陶老先生曾经说："生活犹如源泉，文章犹如溪水。源泉丰盛而不枯竭，溪水自活泼流个不息。"我们的生活丰富多彩，为什么不充分利用这丰盛的资源来为学生创设作文情境，使他们自主地投入写作当中去呢？

在日常的教学工作当中，我经常有意识、有计划地为学生组织一些活动，指导他们留心观察生活，从生活这块土壤中汲取知识经验，从而积累写作素材，写出真情实感。就拿四年级下册的作文教学来讲，我根据单元特点组织学生开展了以下活动：①走，我们去春游；②以导游身份介绍我们的校园一角；③××，我想对你说；④握不破的鸡蛋实验；⑤新闻发布会；⑥热爱生命的故事；⑦请到我的家乡来；⑧我最敬佩的人；⑨好书推荐。平时，在父亲节、母亲节前夕，分别给学生一周时间为爸爸、妈妈做一件好事；在班级有目的地开展"献爱心"活动，开办赛诗会、演讲比赛等活动，来为学生创设情境，使作文的源泉变为一潭活水。

如我在四年级下册第三单元"大自然的启示"写作教学时，上课伊始，我故作神秘，说："孩子们，今天，老师给你们带来了一个神秘的礼物，它可是个超级大力士哟。"这时，学生们有的半信半疑，有的深感怀疑。接着，我打开层层包裹，露出两个鸡蛋，孩子们哄堂大笑。我又不紧不慢地说："不信？这可是两个超级大鸡蛋，谁也别想把它握破！如若不信，谁来挑战？我们让事实说话！"在举手的孩子中，我故意挑选了一个弱不禁风的小女孩，然后让大家仔细观察。挑战失败后，大家不甘心认输，我让他们说出挑战的理由，然后如他们所愿，再挑选出班级公认的"大力士"上台，并示意孩子们一定要仔细看清楚。挑战的孩子发表了自己的挑战宣言，又做了一番热身运动，开始挑战。孩子们屏气凝神，观察得十分认真可结果又让他们失望了。我趁势进行采访，采访了表演者、观众，甚至"假想敌"——鸡蛋。在交流中，孩子们的语言变得生动和丰富起来，最后再故意留下悬念，让孩子们查资料，自己去弄明白鸡蛋为什么握不破，孩子们兴趣极高。最后，我水到渠成地要求大家把整个实验过程写下来。这次作文质量空前地高。因为在整个活动中，孩子们的兴趣被充分调动起来，观察、表达、思考的方法在活动中学会了，孩子们的写作水平自然而然提高了。

三、通过表演活动体验情境

运用"角色表演法"让学生扮演写作题材中的人物，模仿人物的音容笑貌、言行举止，栩栩如生地创演或重演事情经过，让扮演者亲自体验事件中的人和事，让观看者目睹事件的全过程，从而让大家都能在写作中形象生动地反映出所见、所闻、所感，写出真切感人的文章来。如在四年级上册第3单元童话写作教学时，我一开始就用大屏幕打出"我终于有鞋子了！小蜈蚣大声地说：'我终于有鞋子啦！'"让学生分组讨论、表演小蜈蚣有鞋之前和有鞋之后的故事情节。表演者和欣赏者都入情入境，体察细微，表演者的创造性反映出文章的新颖性，表演者的多样性反映出情节内容的丰富性。又如在四年级下册第6单元田园风光主题作文教学时，我利用多媒体先播放一段《我爱南县》视频，然后组织同学们分组导游："请到我的家乡来做客。"一人当导游，其他人扮演不同身份、年龄、国籍的游客，在游玩中观察、聆听、体验，享受特色农家风景风情。孩子们积累的语言被充分调动起来，佳词妙句脱口而出……

经过一段时间的实践，我深深感受到，在作文教学前创设情境，并不是为了适应教改而采取的花哨形式，而是使学生的作文训练回归正常的程序中来，让学生通过情境的创设，学会用心灵去感受多姿多彩的写作情境。缩短写作与现实生活的距离，激发思维潜能，作文才能真正"活"起来，才能够编织出灿烂的云锦，喷吐出辉煌的光焰。让我们用心去揣摩孩子的内心世界，让他们善于感动，容易感动，喜欢感动，在感动中描绘出更美的篇章。

当"希沃白板"与古诗词美丽邂逅

——例谈"双减"背景下信息技术与小学语文古诗词教学的有效融合

谭腊元

随着时代发展，信息技术日新月异，"希沃白板"这一工具的功能越发强大。在"双减"背景下，"希沃白板"在教育领域中的运用也得到了广泛关注。它能将抽象的学科知识具象化，使枯燥的教学内容趣味化，使孩子们更乐于参与课堂活动，从而大大提高了教学效率。

从小学语文教学的角度来看，小学语文古诗词离孩子们生活较远，孩子们理解起来有困难，若能让"希沃白板"功能与教学内容有机融合，课堂将"绿意葱茏"。

一、"希沃白板"技术与小学语文古诗词教学有机融合的优势

古诗词意境优美，用词凝练，但是因为诗人生活的年代距今久远，难以和学生的心灵产生共鸣，因此同学们很难体会诗歌的时代背景，不能理解诗人的情感和诗歌的意蕴，不能充分发挥其积极性和主动性。传统古诗词教学也容易出现以下几个弊端：①机械背诵，但学生并不理解其中的含义；②重理性理解，轻情感体验；③教师急于求成，引导过多，无法让学生成为学习的主体。

而当"希沃白板"邂逅古诗词，不仅可以改变传统的语文古诗词教学的模式，实现古诗词的教学目标，还可以根据教师的需要，还原生态语文，打造活力四射的古诗课堂，回归民族的古典情怀，引导学生在古典文化森林中漫步，

使课堂烙上艺术的印记，让古诗词学习过程成为学生思维再创造的过程。

二、"希沃白板"在小学古典诗词教学中的运用策略

（一）创设情境，营造学习氛围

由于古诗词中的世界和学生实际生活相差甚远，学生很难体会到作者想要表达的情感，但是通过"希沃白板"营造良好情境，就能实现学生情感上的共鸣，帮助学生理解古诗词的深刻内涵。

例如，笔者在教授张志和的《渔歌子》时，可以借助"希沃白板"展示相关动态图片：粉红的桃花、潺潺的流水、肥美的鳜鱼、青色的箬笠、绿色的蓑衣、斜风细雨中悠然垂钓的老翁……点击图片，还可以聆听到流水声、鱼儿戏水声、风声、雨声……形、声、色、光同时作用于学生的感觉系统，借助"希沃白板"形成一种生动活泼的教学氛围。学生通过欣赏这些美丽画面，便能很快进入情境，与诗人共情，产生"此情此景，斜风细雨何须归"之感慨，同时对于词中动静结合的写法也了然于胸。

（二）创新形式，激发学习兴趣

心理学研究表明，浓厚的学习兴趣能使人产生一种强大的内驱力和持久的动力，因而培养学生学习的积极性和主动性显得尤为重要，而"希沃白板"的相关运用，便能很好地创新学习形式，激发孩子们的学习兴趣。

例如，笔者在教学《黄鹤楼送孟浩然之广陵》一课时，利用了交互课件的"课堂活动"中的"趣味分类"功能，并启动了计时功能，让学生对唐宋两朝诗人所处朝代进行判断，考察了学生平时的文学常识积累。信息技术与语文教学有机融合，同时利用"希沃班级优化大师"的随机点名功能，让每个孩子都有机会回答问题。而"加减分"栏目，更是激发了孩子们的学习热情，同时可以帮助教师高效管理课堂。在教学中还巧妙地运用了希沃白板的蒙层、白板批注，移动、绘画等功能，增强课堂互动性，激发学生的学习兴趣，也能很好地帮助学生巩固课堂所学。

在《黄鹤楼送孟浩然之广陵》教学结束阶段，笔者利用多媒体下载了该诗的古诗新唱。先播放给孩子们听，让那悠扬的旋律深深地打动孩子们，再让孩子们跟着视频学唱，配上动作，利用"希沃白板"同屏摄像功能进行录像。将

音乐、体育、语文多学科融合，让孩子们再次直观感受经典，兴趣大增，这是传统的课堂所无法比拟的。

（三）巧妙运用，拓宽学习渠道

如何在"双减"政策的新课程改革背景下，让课程内容变得更为丰富，是小学语文教师一直探究的课题。实际上，课堂就是教师的主战场，但若是单一讲解课本内容，这可能让学生的学习有一定的局限性，而运用"希沃白板"，一方面可以为学生提供课本之外的知识，拓宽他们的眼界与知识来源，满足他们的学习和发展需求；另一方面也可以为教师提供充足的优质教学材料。

例如，在教学王昌龄的《从军行》时，既可展示相关的边塞诗，如《使至塞上》《白雪歌送武判官归》《凉州词》《出塞》等，又可展示与之相关的写作背景视频、图片、故事等，用"知识胶囊"的形式推送给学生，既可用作预习又可巩固拓展，既方便又快捷。通过这些拓展阅读，学生对中国古诗词中的边塞诗有了更多的认识，对祖国的经典文化更增一份热爱，这样，语文学科的育人价值就得以真正发挥出来。

（四）搭建平台提升学科素养

如今的我们生活在信息化高速发展时代，QQ群、微信群等应运而生。教师可利用"希沃班级优化大师"，建立班级交流群，为学生搭建学习和运用语文知识的平台。

教师可以让学生每天朗读或背诵一首古诗，并上传音频或视频，完成打卡任务，帮助学生积累古诗词。也可让学生将古诗词进行口头改写或纸质改编，并上传照片或音频，培养学生创意表达能力。还可以让学生根据古诗配画，或进行古诗新唱并上传，提高孩子们语文综合素养。

"双减"背景下，以上各种各样的学习和创新作业实践，不仅可以拓宽学生知识视野，大大提高学生的阅读量，提高学生语文运用能力和学科综合素养，还可以培养学生收集资料、处理信息的能力及合理利用信息技术的习惯，这样学生的语文学科素养便能在学习和实践中逐步提升了。

三、"希沃白板"与语文古诗词教学有机融合的思考

"希沃白板"在教学过程中的不断应用，可以很大程度上减轻教师教学过

程中的压力，提高教学效果。但教师需要注意的是，"希沃白板"等信息技术工具只是课堂教学的辅助手段，主要是用来帮助我们营造良好学习气氛，激发学习兴趣，拓宽学习渠道，提升学生综合素养。

为了实现"希沃白板"技术与小学语文古诗词教学有机融合，教师首先要不断学习信息技术知识和技能，尤其是"希沃白板"的实操能力。其次要认真钻研课本，根据语文学习的规律，找到"希沃白板"与古诗词教学的正确切入点，使二者相互融合，相辅相成。

教师，请把握教育自由与纪律的节奏

谭腊元

也许在很多人的心里，教师在前面上课，孩子们正襟危坐，洗耳恭听，表情严肃，没有一个逾矩，这才是理想的课堂。但我对此一直不敢苟同。

今天，我拿起英国艾尔弗雷德·诺思·怀特海的《教育的目的》，翻到第三章"自由和纪律的节奏"时，一段话深深叩击了我的心扉："一种理想的教育的目的应该是，纪律是自发选择时的自愿结果，自由因为纪律的保障会获得丰富的机会。自由和纪律并不是对立的两个原则。"

是啊，在我的语文课堂中，学生循规蹈矩的时候并不多，有时下位，有时争得面红耳赤，听得兴起时不举手直接答话……比如昨天我在上六年级语文单元作文《学写"倡议书"》时，发现我班两极分化严重。怎么才能以好带差？我决定放手让学生自主合作完成。先以小组为单位，确定热点话题，再利用休息时间，查找资料，深入走访，获得第一手资料，并制成专题PPT。课堂上，先由组长对组员进行分工，分别负责倡议原因、具体倡议、发出号召等内容的撰写，再由小组讨论整合完善，10分钟后在班级展示。各组点评，评出最佳组。活动中，孩子们各司其职。纵观整个教室，到处热火朝天，有的围坐在组长身旁讨论，有的来不及回到自己座位，弯着腰就在别人座位上书写，有的积极向别人请教……

10分钟后，小组的合作倡议书新鲜出炉，有"拒绝野味""光盘行动""弯腰行动""绿色出行""文明养狗""拒绝一次性用品"等。话题选得不错，倡议原因清楚，建议具体，操作性强，号召富有感染力，孩子们的点评也很中肯。最后学生发表感言时，平时"沉默是金"的李哲宇说："今天这节课，我掌握了倡议书的写法，也认识到平常要多关注周边的生活环境，并为使环境更美好多献言献策。"活泼好动的李佳哲激动地说："我觉得我平时在环境保护和节约资源上做得不够好，也认识到自己还要多阅读多积累，不然，我发号召时总觉得语言没有感染力！"这一节课的放手，没想到却收获了很多，孩子们在兴趣指引下不仅学会了倡议书的写法，思想认识也达到了一定高度，这不正是我们教育人所愿看到的吗？如果像常规课，老师讲写法，学生在下面按范文写作，恐怕很难有这样的效果。

所以，作为教师，我认为我们应该把握好自由和纪律的节奏，主动去探寻一系列符合学生自然发展规律的活动来培养学生的兴趣和品格，让我们的课堂成为孩子们奇思妙想诞生的课堂，这应该是让人快乐的。而处于次要地位的纪律，必须受到指引，以确保某些长远的利益。怀特海指出："在教育中没有哪一阶段可以完全离开纪律或者自由，但浪漫阶段的重点必须放在自由一方，让孩子们自己观察，自己行动，我认为在儿童心智发展的浪漫阶段还未结束的时候，就对其强加精确的纪律约束，势必会阻碍其对概念的吸收与同化。"

纵观全书，《教育的目的》是怀特海有关教育的演讲集，他认为教育应充满活力，反对向学生灌输知识，注重引导学生自我发展；倡导使受教育者在科学和人文方面全面发展；重视审美在道德教育中的作用……这些教育思想虽历经近百年，但仍如珍珠般熠熠生辉，它对今天教育界提倡的"素质教育""让学生生动活泼主动地发展"具有参考指导价值，今天读之仍能让我受益良多。

略论低年级阅读教学如何提升
学生言语表达能力

谭腊元

　　今年任教的是小学二年级语文，教学中发现学生的口头表达能力不高，主要表现为：学生说得欲望不高，欲言又止；词不达意，不知如何表达；想象力不丰富，口语表达枯燥无味。

　　低年级学生词汇量少，抽象思维能力较弱，这都影响了学生说话能力的高低。作为一名语文教师，怎样指导低年级学生进行说话，使学生乐说、善说，真正做到"能说会道"呢？我认为教育者要利用课文小空白，提升学生言语表达能力。

　　说话训练的立足点在哪里呢？"众里寻他千百度，蓦然回首，那人却在，灯火阑珊处。"文本资源——，语文教育的主要课堂资源，选取的课文具有时代气息，蕴含丰富的人文精神和情感因素，教材图文并茂，贴合儿童生活，为学生练习写话提供了良好的资源。教材中的课文有很多艺术性的"空白"，给学生留下了联想和再创造的空间。教学中，可引导学生反复诵读文本，咀嚼语言文字中的精理妙义，体会文章丰富的内涵。在此基础上，在"言而未尽"处补白练笔，对文本空白进行填补，对文本意义进行挖掘，对文本进行重塑与再创造。具体说来，可以引导学生紧扣词语，丰富想象；可以引导学生填补空白，开拓思维；可以引导学生续写文本，加深感悟。教师在教学中可以引导学生层层深入地品词析句，进行佳句模仿，夯实基础；针对精彩段落，可以指导学生仿写，帮助他们较好地将文本语言内化，并外化为语言的表达；还可以引导学生模仿课文的语言形式，进行语言的再创作，这样不但能加深学生对文本的理解，而且能有效提升学生运用语言的能力，让其体验到创作的乐趣。

表达能力是读的发展和深化，是写的基础。利用语文课文语言"空白"就是在阅读教学中抓住作者有意或无意留下的、没有写明的、召唤读者想象的未定的意蕴空间，让学生到文本中去探索、发现、补充。语言空白的填充，可以促进学生对课文的理解、激发想象、培养创新能力、提高学生的表达能力、丰富文本的内涵。阅读教学中可以从文中标点符号、文章的插图、关键性的词语、概述性的语句、结尾等处入手练习补白，利用文本情境进行语言训练，实现语文人文性和工具性的完美结合。

师生"钻进去""潜心会文本""披文以入情"，与作者共鸣。学生进行语言空白的填充，需要诉之于语言（书面或口头）进行表达。交流后让学生带着自己的理解朗读课文，将听说读写有机结合在一起。这才是教者要达到的最高境界。

那么，具体怎样利用课文小空白提升学生的言语表达能力呢？

一、利用课文中已有的好词语、好句式练习说话

在教学中，灵活地、顺其自然地引导学生结合自己的经验，用教材中的重点词语或是用得好的词语说一句或几句话。如我在上《画风》一课时，要求学生用"风来了，风把（　　　　　　　　　　），风藏在（　　　　　　　　　　）"的句式练习说话，孩子们兴致极高，纷纷举起小手，想象的风帆已扬起，充满诗意的句子脱口而出，你看，喜爱跳舞的杨子怡高声吟道：

风来了，

风把柳树吹弯了，

风藏在"下腰"的柳树里。

风来了，

风把衣服吹走了，

风藏在"跳舞"的衣服里。

风来了，
风把小船吹跑了，
风藏在"跑步"的小船里。

风来了，
风把小草吹弯了，
风藏在"行礼"的小草里。

其他同学也不甘落后，直到我示意可以把自己编的小诗写在本子上，他们才罢休。在教学《泉水》《雷锋叔叔，你在哪里》《要是你在野外迷了路》等课时都可进行类似表达训练。

二、利用课文空白点，进行想象说话

教学中，引导学生去发掘那些深藏的因素，据此让学生展开想象，进行插说或续说，以此来提高孩子们的想象能力和言语表达能力。如我在教完《丑小鸭》第三、四段时，为了引导孩子们进一步理解丑小鸭的不幸遭遇，我向孩子们提问："请大家想象一下，丑小鸭还会来到哪里？又会遇到些什么呢？"一石激起千层浪，问题一出，孩子们想象的火苗被点着了，文静的解怡萱小朋友说："丑小鸭来到学校里，小朋友们都拿树枝打它，嘲笑他是个丑八怪，要他滚出学校。丑小鸭只好躲在校门口，远远地望着开心玩耍的小朋友，心里难过极了。"调皮的陈逸扬小朋友不甘人后，举起了手，说："丑小鸭来到一片草原上，羚羊用角使劲顶它，水牛疯狂追赶他，连天上的老鹰也扑下来用嘴啄它，并嘲笑它：'你这个丑八怪，敢来我们的地盘，快滚！'丑小鸭只好伤心地离开了。"在孩子们激情的表达和交流评价中，丑小鸭的不幸形象已经深深烙在了孩子们心里，根本无须教者说教。

三、利用插图、课题等资源，练习说话

我们在阅读教学时可引导学生通过看题目、插图帮助阅读，化难为易。同时，也利用它们，再加上学生丰富的想象力进行说话训练，进行课文拓展和延伸。如我在教学《宿新市徐公店》时，在孩子们熟读该诗的基础上，我引导孩子们边读诗边观察插图，尝试用自己的话描述诗意。在交流了十分钟后，孩子们自信地举起了手，龚佳微小朋友结合自己的生活体验，说道："篱笆稀稀疏疏的，旁边有一条小路伸向远方，好像没有尽头。近处有棵大树，树枝上的花已经飘落了。树上新长的叶子还不够密，还不能成荫。远远的小路上跑来一个七八岁的小男孩，突然一只黄色蝴蝶飞到小男孩身边。蝴蝶忽上忽下，忽左忽右，忽前忽后，小男孩赶紧追蝴蝶。蝴蝶飞了一会儿应该也累了吧，停在了落下的叶子上，小男孩趁蝴蝶累了，突然地向它扑去，想不到竟摔了一跤，等他爬起来的时候，蝴蝶已经不见了。只见面前是一片金灿灿的油菜花，哪里还找得到蝴蝶！小男孩气得直跺脚！"为了强化大家的理解，我还建议龚佳微上台进行了情景表演，在一片笑声中，孩子们既理解了诗意，又提高了口语表达能力。

四、表演课本剧，进行口语的面对面训练

对于故事性强的课文，教学课文的同时，让学生表演课本剧，自由地改编人物的对话，使学生如身临其境，得以充分地发展想象和表达能力。如我在教学《丑小鸭》时，就指导孩子们分组表演课本剧，先分好角色，再组织好每个角色的语言，孩子们表演得十分出色。

我们欣喜地发现，在我们的语文课堂上，学生想说，敢说。他们对于语文课堂中问题的回答和口语交际课，都有浓厚的兴趣，乐于表达自己的见解，获得自信。

学生不仅有了表达的自信，还会用上一些好词佳句，把话说清楚，说具体，说生动。这提高了学生语言的表达能力，促使他们形成了良好的口语表达习惯。借助这种口头表达能力的训练，学生思维得以发展，听、说、读、写能力得以提高。

略谈对低年级学生课外阅读的指导

谭腊元

阅读可能改变不了人生的长度，但可以改变人生的宽度；阅读可能改变不了人生的起点，但可以改变人生的终点！在书海中畅游，孩子们收获的不只是知识，还有智慧和真理。吕叔湘先生曾指出："同志们可以回忆自己的学习过程，得之于老师课堂上讲的占多少，得之于课外阅读的占多少。我想大概是三七开吧，也就是说，百分之七十得之于课外阅读。"吕老的这一观点，充分说明了课外阅读在促进学生的语文学习，提高学生的语文能力和语文素养方面，起着巨大的作用。

《小学语文新课程标准》对低年级阅读教学提出了这样的要求：①喜欢阅读，感受阅读的乐趣。初步养成爱护图书的习惯。②学习用普通话正确、流利、有感情地朗读课文，学习默读。③结合上下文和生活实际了解课文中词句的意思，在阅读中积累词语。借助读物中的图画阅读。④阅读浅近的童话、寓言、故事，向往美好的情境，关心自然和生命，对感兴趣的人物和事件有自己的感受和想法，并乐于与人交流。⑤诵读儿歌、童谣和浅近的古诗，展开想象，获得初步的情感体验，感受语言的优美。⑥认识课文中出现的常用标点符号，在阅读中，体会句号、问号、感叹号所表达的不同语气。

在低年级，如何把课外阅读任务落到实处？我认为最关键的是要充分发挥语文教师对学生课外阅读的组织和引领作用，有意识地培养学生课外阅读的意识、兴趣，以帮助他们形成良好的课外读书习惯。

一、激发学生阅读兴趣

俄国教育家乌申斯基指出："没有任何兴趣，被迫进行的学习会扼杀学生掌握知识的意愿。"课外阅读是一项主体性很强的活动，其效果的好坏直接取决于儿童内心深处是否有一种根深蒂固的阅读需要，因此激发阅读兴趣，使儿童始终保持强烈的读书欲望，也是阅读指导课的重要任务。低年级的老师充当的角色便是站在孩子的角度和孩子一起阅读，不但要"引领"而且要"激发"孩子内心的感受，让他们尝到阅读的快乐，我采取了以下的方法：

（一）故事引趣——感受书的神奇

低年级学生识字量少，要培养他们从小就爱看书的好习惯，老师首先就要利用每天午读或者每周班队活动课的时间，声情并茂地讲述一些孩子感兴趣的故事。俗话说兴趣是最好的老师，学生看到老师讲得有趣，也会在无形中受到感染。老师要有计划地坚持每天讲一个小故事，这样耳濡目染，学生就会觉得书是那样的神奇，慢慢也会觉得书里有很多故事在等着他，而且，听故事也是孩子最容易接受的学习课外阅读的方法之一。

（二）留疑激趣——调动读书的欲望

老师在讲故事的时候，可以设置一些疑问，在读书之前教师可以用生动形象的语言介绍读物的内容，也可以利用故事中精彩、紧张、感人的情节创设悬念，让学生产生寻根究底的好奇心，从而产生强烈的阅读兴趣。这样，一方面吸引学生听的兴趣，另一方面可以培养学生的求知欲，激发他们读书的冲动。例如，我给学生讲《跑出笼子的小袋鼠》的故事，一开始，我就问"有一只袋鼠被关在动物园的铁笼子里，有一天，它跑出来了，管理员把铁笼子加高到五十米，它还是跑出来了，这是为什么呢？"学生一听，一下子来了兴趣，七嘴八舌地猜想起来，这时我趁热打铁地问："你们想不想知道原因呢？"学生纷纷要我讲，我却故作神秘地说，想要知道答案，故事《跑出笼子的小袋鼠》会告诉你哦。然后，我将拼音版的故事发给他们阅读，孩子们津津有味地读得可起劲了。

（三）表演生趣——体会人物情感

在学生阅读了一些寓言或童话故事时，老师可以利用午读交流的时间，来进行表演训练，这样既促使孩子去认真阅读书中描写人物动作、表情、样子的语句，也锻炼了孩子们表演的能力和口语表达的能力。孩子们的模仿能力很强，童话故事能给低年级的孩子充分的想象空间，让他们在动人的故事中完成美与丑、是与非的认识与辨别。记得我让孩子们进行好书推荐时，要求他们将一人推荐改为几人合作表演其中的精彩情节。在推荐《朵拉的春天》时，几名学生演小兔子朵拉在小狗獾等的帮助下终于迎来春天的情景至今我还记忆犹新，孩子们演得惟妙惟肖。在一阵阵笑声中孩子们快乐极了，也感受到了书籍带给他们的快乐。

（四）活动激趣——加深内容理解

低年级学生年龄小，对事物的注意力保持时间较短，持久性差，表现在阅读上就是开始特别专心和认真，读了一会儿就把书翻得哗哗直响。所以在读的过程中，教师可以根据读物的内容和特点，利用儿童的心理特点，通过朗读等多种形式来再次激发或保持学生的兴趣。在学生阅读后，教师可以让学生把读物的内容改一改、演一演、讲一讲、议一议、画一画，让学生复述一下故事的大意，讲一讲精彩的情节，或者是讲述一下自己感兴趣的部分，还可以对感兴趣的内容展开讨论，积极发表自己的看法，在活动中加深对读物内容的理解。

教师还可以组织学生开展各种各样的读书交流活动，如自制精美书签、好书推荐卡、小故事家评选、小演员评选，自编图书绘本、读书笔记展览，评选最受欢迎的书等，让学生将自己的阅读成果展示出来，使他们体验到阅读的乐趣，增强自信心，不断获得成功的体验。

二、指导学生选择读物

目前，市场上各种小学生读物琳琅满目，但不是都适合小学生去阅读。小学生受年龄、阅读能力和阅读兴趣的限制，还未形成正确的审美观念，在选择课外读物上，有较大的盲目性。因此，选择合适的书籍尤为重要。教师有责任向他们推荐一些好书，正确引导学生进行有益的课外阅读。

（一）根据年龄特点，向孩子们推荐一些有益的课外读物

在掌握低年级学生的年龄特点之后，我开始有目的地向他们推荐课外读物。

（1）从学生的好奇心入手推荐课外读物。

（2）从学生的兴趣爱好入手推荐课外读物。

（3）从学生喜欢的故事入手推荐课外读物。如《西游记》《哈利·波特》《三个火枪手》等注音读本。

（二）根据大语文观的思想，有目的地推荐课外阅读材料

阅读是一项反映个人性格和兴趣爱好的活动，而课外读物的选择是个性与爱好的表现，只有让学生选择自己感兴趣的课外阅读材料，他们才能认真进行课外阅读。但是低年级学生年龄小、阅历浅，选择课外阅读材料时往往带有盲目性、随意性，这样一来阅读质量就得不到提高。为此，我有意识地引导学生阅读以下一些有益的课外阅读材料。

（1）推荐有益于身心发展的传统读物。如《三字经》《弟子规》等。

（2）推荐有益于巩固课堂教学效果的课外阅读材料。比如歌颂人类勤劳、善良、坚强、进取、崇高等人格精神的童话、寓言、儿歌等读物，像《安徒生童话》《爱的教育》《格林童话》《三毛流浪记》等。

（3）推荐与学生生活紧密相关的课外阅读材料。如《小鹿斑比》《小猪唏哩呼噜》《十万个为什么》等。

三、指点学生的阅读方法

提高阅读的效率，除了激发兴趣外，还必须有一整套科学的阅读方法。教师可以有计划地向学生传授各种阅读方法，比如精读、略读、跳读、浏览、圈点批注、读读想想等。

四、培养学生的阅读习惯

好习惯让人终身受益。小学生处于学习的起始阶段，这一阶段习惯的好坏将直接影响到他的将来，乃至终身的学习。因此，培育小学生良好的读书习惯是十分重要的。首先，要求孩子们看一篇文章时，能找出用得特别好的词语读一读，圈一圈，标一标，养成"不动笔墨不读书"的习惯。其次，可以要求孩子们摘录精彩的词句，即能把文章中写得特别优美或者精妙的句子在摘记本上写下来。对于低年级的孩子来说，没有老师的批改，作业就等于白做。为了能让孩子们的课外阅读有效地开展，我每周定时检查他们的摘记情况，对做得好的同学进行表扬和奖励，对做得不好的同学进行认真指导。经过一段时间的实践，孩子们基本上都能自己摘录好词佳句了。再次，让他们将精彩的部分读熟甚至背诵。最后，写一句话感悟或练习仿写。

阅读是写作的基础，只有经过大量的阅读，才能写出堪称绝妙的好文章。在阅读实践中，让学生对所学的知识进行迁移，模仿书中的词句写一写，才能使学生的知识得到巩固，起到"举一反三"的效果。

五、引导学生的交流评价

相互交流读书的收获，既能检查学生的读书质量，又能进一步浓厚学生的阅读氛围，还能拓宽学生的知识总量。在阅读课上，学生可以交流读书心得，可以交流所摘录的片段或词句，也可以交流有疑惑的地方，还可以互相推荐自己最近阅读的感兴趣的书。老师还可以组织学生参加"阅读之星"的等级评选，根据学生阅读习惯、阅读数量、交流汇报等表现，小组评价出"钻石星""水晶星""金星""银星""铜星"，这样学生的阅读积极性非常高。

在课外阅读这块有待开发的神圣领地里，我们每一位教育工作者都在尝试和摸索，让我们一起寻求更科学、更有效的方法指导学生进行课外阅读，引领他们走进书的海洋，让他们因读书而发展，因读书而幸福。请从低年级学生的阅读指导开始吧，有了良好的开端，并不懈地坚持下去，就一定会带来丰硕的果实。

妙笔绘"心"，让人物鲜活起来

——六年级写人叙事作文升格指导

谭腊元

一、学情分析

描写人物是小学作文的重头戏，一般通过外貌、动作、语言、心理等的描写来刻画人物，揭示人物性格特点，可是有些同学在作文时比较注重人物外貌、动作、语言的描写，往往忽视心理描写。殊不知，单靠外部形象描写难以表现人物的内心感受，展现人物立体的灵魂。要使人物形象更立体，不仅要展现人物外在（外表），更要展现人物内在（心理），内外兼顾，才能形神兼备。

二、病文示例

拔河比赛就要开始了，我紧握着绳子，心跳得厉害，担心拔不过别班。比赛结束，我班是第一名，我心里高兴极了。

这段话写的是"我"比赛前后心理活动，读了之后，并没有让人感觉到他的心跳有多厉害，有多高兴，原因是，抽象的概述代替了具体感受的描写。

三、升格指导

心理描写分两大类，直接描写和间接描写。直接描写，又包括内心独白、梦境、幻觉描写；间接描写，包括环境渲染、神态、动作、语言等描写。

（一）内心独白

以"自言自语"的方式，直截了当地表现人物的思想感情，常常以"想""觉得""沉思"等词，引出人物内心的想法，表现人物心声，从而达到刻画人物，升华主题的目的。如《穷人》中桑娜抱回西蒙的两个孩子后，作者通过内心独白的方法来表现桑娜矛盾、不安的心理，作者这样写，既表现了穷人宁可自己吃苦，也要帮助别人的善良品质。又如，"发考卷前，我不停地在心里嘀咕：'上帝啊，保佑我吧，我再也不玩手机，再也不看电视、不打游戏了，唉，都怪我自己，老想着打升级游戏，考试前一天，还趁父母不在家偷玩了一个小时游戏。老师发发慈悲，手下留情，我以后上课一定好好听讲，千万别让我不及格呀！'"这段话比"考试前我紧张不安"的概括性描写生动具体多了。

（二）梦幻和错觉描写

通过错觉、梦境、幻觉等来表现人物内心世界，如《卖火柴的小女孩》一文中，小女孩的五次幻想都是通过梦幻和错觉描写来表现的，让读者能真切地感受到小女孩渴望温暖、食物、快乐、幸福的心理。又如"考卷发下来时，我好像看见满世界鲜红的叉，组成巨大的网向我盖来，使我不能动弹，不能呼吸，我又仿佛看到了老师满面的怒容，仿佛听到了父母悲伤的叹息声和同学们的嘲笑声……"这比类似"我害怕成绩揭晓，内心紧张担心"的概括性心理描写要惟妙惟肖得多。

（三）环境烘托

通过环境描写来表现人物的思想感情，如叶君健的《看戏》，一文开头："太阳虽然早已落下，但暑气并没有收敛，没有风，公园里那些屹立着的古树是静静的，露天的劳动剧场也是静静的。"用环境描写烘托看戏人们满怀期待的心理。又如《钓鱼的启示》一文中写道："我抬头看了一下四周，到处都是静悄悄的，皎洁的月光下看不见其他人和船的影子，我再次把乞求的目光投向了父亲。"本段中，此时无声的环境描写，有力地衬托了作者不愿意把鲈鱼放回湖里的心理，比直接描写生动得多。

（四）动作、神态等衬托

通过描写人物动作、神态来表现人物的内心世界，如《顶碗少年》中描写少年三次顶碗的动作、神态，而观众们的神态，属于侧面烘托，也表现了少年表演时由自信、沉着到紧张，再到镇静的心理变化，从而表现这场表演的惊心动魄。又如《窃读记》中，"我跨进店门，暗喜没人注意。我踮起脚尖从大人的腋下挤过去"，这里的，"跨""踮""挤"三个动词传神地刻画出"我"对读书如饥似渴的心理。精彩的拔河比赛，也可以对比赛双方的动作神态进行描写，表现出他们的赛前精神状态，既可以渲染紧张的气氛，又可以表现"我"紧张担心的心理。

上述方法可综合运用，但要注意的是，每个人的经历、性格不同，因此每个人的心理和表达心理的方式也不同，只有在"同"中求"异"，才能让笔下的人物灵魂活起来。当然，展开想象的翅膀，用修辞出彩也很重要。

四、升格作文范例

精彩的拔河比赛

六（3）班 徐筱浙

那天风和日丽，刚才还和同学们躲猫猫的太阳也迫不及待地把头从云层里探出头来，想一睹我们比赛的精彩。

三个班同学兴高采烈地来到操场上，参赛队员个个精神抖擞，意气风发，仿佛胸有成竹，胜券在握。比赛还未开始，三个班的啦啦队员就开始对峙。裁判指挥我们各就各位，双方班主任严肃指导我们站成"弓"步，脚顶着脚，身子一律向后倾。拔河比赛还没开始，战场上早已弥漫着浓浓的"火药"味，双方队员像一群猛虎，虎视眈眈地紧盯着赛绳中间的"猎物"——红丝带。我双手紧握赛绳，脚不停地哆嗦着，担心拔不过六（2）班，但是看到其他队员们胸有成竹的样子，我似乎又有了信心："别怕，胜利一定会属于我们的。"

"预备——嘟——"震耳欲聋的哨声响彻云霄。我们紧绷着脸，双手像一把把大钳子，牢牢地抓住绳子，拼命地往后拉。可对方也不甘示弱，脚像伸进大地的树根，拽也拽不过来。时间一分一秒地过去了，比赛进入白热化阶段。不好，红丝带向对方滑去了呀，快要过线了！在这千钧一发之际，队员们听到了啦啦队员震耳欲聋的加油声，"六（3）班，加油！六（3）班，加油！"谭老师像我们的船长，在前面冷静地用双手有力指挥我们心往一处想，劲往一处使，我们仿佛又拥有了"洪荒之力"，一个个使出吃奶的劲儿。你看，张弛脸憋地通红，脖子上冒出青筋，他一声声似猛虎怒吼着；平日里调皮捣蛋的陈远方此时仰着头，紧闭双眼，咬紧牙关，使出九牛二虎之力……对，不能让老师和同学们失望，不能让我们的苦练的汗水付诸东流！我们一定不能放弃，一定要坚持下去！我暗暗为自己鼓劲，奇迹发生了！红丝带仿佛听到了我们的召唤，正在慢慢向我们移来……哇，我们胜利啦，六（3）班赢了！

太阳公公也激动得脸更红了，跑道旁的树叶也在风中尽情地为我们舞蹈。我们相互击掌、拥抱、欢呼，队员们完全不顾被磨破了皮的手掌的疼痛，啦啦队完全忘记了喉咙的嘶哑，激动的眼泪夺眶而出。

这次比赛给我的校园生活画上了浓墨重彩的一笔，也让我们明白了团结和坚持的力量何其强大！

点评：文章开头运用环境描写，烘托赛前的紧张气氛。赛前、赛中对参赛队员、裁判、双方老师、啦啦队的动作神态进行描写，又用内心独白来表现赛前、赛中"我"的紧张，以及想为班级争光的心理，描写细致入微。另外关于红丝带、哨声的描写，都极好地衬托了比赛中双方紧张渴望胜利的心理，细致入微，让人感同身受。

比赛结束时再次运用环境描写和人物动作描写来衬托比赛胜利后高兴的心理。妙笔写"心"，叙事生动，人物栩栩如生，内心世界丰富多彩！

五、拓展佳作

我第一次走夜路

六（3）班　彭思晨

生活中有许多难忘的第一次，而最让我难忘的第一次，就是去年第一次走夜路了。

那天，我在朋友家玩，一时忘记了时间，直到太阳亲吻大地的时候，我才觉察到要回家了。

才走到半路，天就黑了，我有些害怕。

我走着走着，越来越害怕。我看向周围，想分散自己的注意力，可是右边是成排的大树，在风中左摇右摆，好像张牙舞爪的魔鬼，树叶组成的黑影，像一只只吸血鬼在那里等着猎物的到来……啊！怎么能想这个呢？我使劲摇了摇脑袋。

我一个不小心又把眼睛瞟到了左边，左边是一个个妖怪在盯着我看，我不禁打了几个哆嗦，可能是看多了鬼故事吧。我借着月亮的余晖走了一小段路，心还是像小鼓一样"咚咚咚"地敲着。路边的大树还在摇晃，好像一只只魔爪正在向我伸来，总觉得阴暗的角落里仿佛隐藏着什么东西，心里一阵发毛，不由得左顾右盼，加紧了脚步。再抬头看看月亮好像也和我作对，躲入云层里了，偶尔探出脑袋，洒下一丝微弱的光，使一切显得阴森可怕，让我毛骨悚然，大气都不敢出。

吓得不敢出声的我准备跑回家，突然，我撞到了一个东西，以为是鬼啊、妖啊，我的鸡皮疙瘩"掉了一地"，赶紧说："神仙啊，您大人有大量放了我吧！我上有父母、爷爷奶奶、外公外婆，求求你放了我吧！"什么好话都说尽了，舌头都快咬烂了，就是没人出声，我慢慢抬起头来，发现是根木头，亏我还把你当个神仙呢，原来在这挡路。

我赶紧跑回家，把一切都告诉了妈妈，妈妈笑着说："这个世上没有鬼，只有你这个胆小鬼！"

人终有一天得离开父母，我们得学会自己走"夜路"。毕竟，人生有许多"夜路"要靠自己来走。

点评：这篇习作是成功运用以上方法进行心理描写的优秀范例。既有直接描写，又有间接描写。直接描写时运用内心独白、幻觉描写表现第一次走夜路的害怕、紧张，真实可感。间接描写时运用环境渲染，以及对人物外貌、神态、动作、语言等描写侧面烘托"我"或紧张害怕或担心、自责、后悔的心理。叙事生动，人物心理刻画真实细腻，很好地表现了主题。可见妙笔绘"心"，人物才会鲜活起来。

浅谈"教育随笔"在班级管理中的巧妙运用

谭腊元

我们往往习惯于布置学生完成各种任务，对学生提出各种要求，而我们自己却不以为然。其实不难发现，智慧又有爱的老师都喜欢撰写教育随笔。教育随笔会给我们的教育带来本质的变化，它使老师与学生、老师与家长的交流沟通不再受时间、空间的束缚；它可以让孩子与家长更多地了解班主任的教育思想、班级的工作状态，师生情感可以得到极大升华，教师也能够得到更多的自我发展与自我展示的空间。作为一个班主任，经常撰写教育随笔，会让自己的班级管理更加得心应手。

一、净化班风，树立榜样

每个老师都可能中途接手一个乱班，意味着要当"后妈"，面对各种个性张扬的学生，我们该如何尽快地净化班风呢？

"未成曲调先有情"，面对这样的乱班，不管别的老师如何评价学生们的缺点，我都会在最短的时间找到他们的闪光点，然后无限放大，并且毫不遮掩地在"教育随笔"表达——我爱他们，再将之发布在班级微信群、朋友圈、学校公众号中，甚至市级、省级的相关教育网站和刊物上。请看我撰写的一则随笔。

美丽的"百合花"

语文课上，同学们正聚精会神地听我讲课，突然，一阵接一阵的呕吐声传入我耳中，我回过头一看，原来是我们班胡佳欣同学因身体不适呕吐了。一股难闻的酸臭味在教室里弥漫开来，周围的同学都迅速地用手捂住了鼻子。我准备安排她的同桌来清理呕吐物，这时，一只小手高高举起："老师，我来帮忙清理吧！"声音清脆而动听，我赞许地点了点头，同学们都惊讶地看着她——彭予希，一个文静而秀气的热心肠女孩，同学们眼神里充满了敬佩与感动。又脏又臭的呕吐物人人都唯恐避之不及，她竟然主动要求清理。

上课继续，我用余光瞥见那个小小的身影用扫把、垃圾铲、拖把清理秽物，五分钟左右清理完毕，她回到座位继续上课，好像什么也没发生一样。可是她就像一朵纯洁的百合花，已把芬芳洒进了每个同学心里，她带给我们的那份感动，将永远留存在我们心底。

二、了解学情，促进学风

"后妈"接手新班，作为家长肯定非常迫切想了解老师的教学理念及孩子们的课堂表现，那么教育随笔中的"班情日志"是最好的平台，能帮助家长迅速了解班情，从而促进良好学风养成。比如我在接手一个新班级后写了一篇随笔，请看——

我的开学日志

也许从孟校长宣布我接手1801班开始，我就忙得没好好欣赏过朝阳和晚霞了吧。俗话说，知己知彼，方能百战不殆。8月29日，我从孩子们的"亲爸""亲妈"——原任刘老师和肖老师那获得了很多关于孩子们的信息资料，迅速进入班级家校联系群，按孩子们性格差异、性别、平日表现编组，制定新的班规和小组竞争机制，并公布在班级群里，让所有孩子和家长都能快速了解和适应我这个"后妈"的教学。

8月30日，孩子们坐在焕然一新的教室里，看着陌生的我，眼里充满了好奇与质疑，当然也有对"亲妈"的不舍。我知道"后妈"不好当，但我相信，只要我用心教学，用爱沟通，从严要求，"后妈"也会变"亲妈"。

9月1日，我进行完自我介绍，然后布置孩子们也进行书面自我介绍。9月4日早上，我期待着孩儿们带给我惊喜。不料，一摞作业交上来后，带给我的不是"惊喜"，而是"惊吓"！作业本子规格不一，有的甚至是一张随手撕下的纸。我可是明明规定好本子的款式的啊！按压住心头的怒火，我深呼吸几口气，再检查内容，天啊，这也叫自我介绍——一两排说明书式的文字？我肺都快气炸了！难道他们不知道自我介绍也是一则短文？我开始反思，他们作为六年级（1）班的孩子，又是刘老师的亲传弟子，不可能这么差，可能是我没强调本子的款式，没强调文章的字数吧。看来以后布置作业，要求得明确、得强调！

9月4日下午，班里的刘皓轩家长让孩子带来了我在群里强调的应该准备的作文本、"日积月累本"，我心里翻腾起感动的浪花。想不到我的一句话，家长们如此重视、配合、高效！原来，之所以孩子们作业本参差不齐，是因为后援团的本子未到。更令我感动的是刘皓轩妈妈。我在巡视孩子们早读时，发现教室劳动工具太多太乱，无法归置好，我想起皓轩妈妈开学初的一句话："谭老师，班上有什么难事尽管找我们，我们一定配合。"于是，我拍下照片发给她，没想到仅仅10分钟不到，一个奶白色的大垃圾桶就送来了！虽是第一次打交道，但从教以来，还没见过这么热心和主动的家长，让我十分感动，仿佛为我那颗焦灼的心吹来了徐徐清风……

两周的相处以来，我已能熟练地叫出50个孩子的名字，有些孩子让我印象颇深。

杨洋，一个眼里泛着智慧光芒、喜欢朗读的女孩。她上课听讲认真，作业工整，文采出众。她是我课堂上第一个举手回答问题的人，我让她猜我名字中"元"的来历，她说元乃第一之意，应是父母对我的殷殷期盼。真是一个阅读面广的女孩！她也是孩子们交给我的第一份"礼物"——自我介绍中最特别的一个。她一开头就说自己是"冒牌明星"杨洋，让人忍俊不禁；然后将自己的优点和缺点娓娓道来，语言诙谐，事例丰富，表现了十足的文学功底！昨天，我让她上台朗读文章，她一字一句，字正腔圆，她的一笑一颦，将同学们带入了文章的情境中，这个女孩的朗读功底了不得！

刘星辰，光听名字，就感觉父母对其寄予厚望，希望其人生如星辰般灿烂。而他本人，也名副其实哟。他是一个脸上常挂着阳光般治愈性微笑的男孩。他爱动脑筋，老师的问题刚出炉，他的眼珠咕噜一转，手立马就举了起来。他追求进步，我诉说我的心愿——希望班上孩子能成为我的知音，老师说上句，你就知晓下句，尤其是作文方面能与老师心意相通。结果，在一众"自我介绍"中，唯有他表达着期盼能成为谭老师知音的心愿。他是学校的升旗手，南县"美德少年"，也是学校田径队实力队员！为了不让训练影响学习，他总是提前完成背默任务。星辰，你的未来可期，你可要好好加油哦。

走进1801班教室，如果要看谁的坐姿最端正，听讲最认真，那肯定有一大批的孩子：刘艺萱、江允皓、彭雅琴、张凯、孟煜辰、徐铭豪、李若非等（张红榜公布）。语文课上，孩子们上课十分认真，不管是老师讲课还是同学发言，他们的耳朵竖得笔直，目光专注，倾听的姿势最美！他们也能准确无误地复述你讲的内容，孩子们，你知道吗？一个会倾听且自律的孩子将来一定是最优秀的！尤其是周熙鑫和樊沁雅同学进步神速，由刚开始的张口结舌、支支吾吾、目光躲闪，到现在的流利背诵、准确默写。可见每一个孩子都是一座宝藏，只要你努力，你的潜力无限！

家长在微信群中了解到了老师的管理理念，也看到了自家孩子的表现，纷纷在群中点赞留言，对老师更多了一份信赖，孩子们也受到了很大的激励，之后课堂发言交流更积极了。一个班级良好的学风形成不仅仅在教室，家长们的口口相传也是一种看不见的积极力量。

又如上学期我校六一儿童节，我班开展了课本剧表演，孩子们表现突出，我结合孩子们在活动中的精彩表现，撰写成了报道《我的节日，我的舞台》，在市级刊物上发表了。看到孩子们进步了，家长代表徐芷芊妈妈激动地说："这次活动节目丰富、质量高，既锻炼了孩子们的合作能力，又培养了孩子们自觉主动学语文、用语文的兴趣，及口语表达能力，孩子们高兴，我们也欣慰。"陈沂汐家长欣慰地说："孩子们在排练过程中起初有矛盾，有摩擦，但后来遇到问题能商量讨论着解决，孩子们成长了，我们觉得老师组织这样的活动很有意义。"家长们会互相传递班级正能量，每天回家夸赞孩子的进步，这种无形的力量也会给孩子带来无穷的动力，从而促进良好学风班风的形成。

三、智慧导航，家校联手

每接一个班，我都会用教育随笔之"班级新闻""真情书信"引领孩子，及时表扬孩子们及其家庭，协同家长规范孩子们的学习行为，指出孩子们成长过程中的优点和不足，用爱和智慧引领他们朝正确的方向成长。

上学期由于疫情，"停课不停学"期间，我在班级微信群中讲，谁的表现好将会收到老师的专属神秘礼物，孩子们个个充满期待，学习热情空前高涨，班上每次作业完成率百分之百。我为抗疫宣传活动中表现突出的何妙言同学家庭撰写了《母女齐上阵，共绘希望抗疫情》，为阅读表现突出的杨涵艺一家撰写了专题报道《家庭"三国"亲子剧场，引来好评如潮》，两文都登上了省级刊物，家长们在群中纷纷点赞，有的还开玩笑说："只要表现好，谭老师就会让你成明星。"我还给有的同学写了神秘来信。据家长反馈，孩子们收到属于自己的专属礼物兴奋不已，都迫不及待地向老师写了回信，以表达感谢和努力的决心，如陈沂汐同学在回信中写道："收到您的大礼，我知道了自己今后要主动回答问题，字要练好，多多阅读，我才会成为您期待的样子……"这样的交流不就是我们教育追求者所期待的吗？

四、以身示范，无声育人

班主任和孩子们每天看似在单调重复的日子里机械地生活，其实正在经历各种各样的教育故事，孕育着大量的教育契机，如果你拥有了发现的眼睛、善思的头脑、勤奋的双手，把每一个教育故事、每一个教育问题、每一个教育灵感记录下来，既积累下丰富的教育经验，在反思中凝练出其中的教育智慧，又能起到以身示范、无声育人的作用。比如，我要求学生每天阅读坚持写读书笔记，我也坚持读书，每天撰写读书心得，并及时分享到班级群中；我要求学生写征文，我先示范，撰写了《抗疫路上，我们在成长》《清平乐·游罗文》《清平乐·晨诵》《清平乐·忆郊游》《长路》《美好生活，劳动创造》《牵手"观音"》《传承红色基因，争做时代新人》《我的父亲》《我的母亲》《阿姨一定为你当导游》《你还会再入我的梦中吗》《壮哉中华——我心中的千古美文》等，既在学生和家长面前提升了自己的形象，也在阅读写作上对学生起到潜移默化的影响。

可见，科学撰写教育随笔，做一个勤奋、智慧、有爱的老师，能增进师生情感，促进家校合作，从而使自己的班级管理变得轻松自如。

浅谈如何用活教材培养孩子的表达能力

——小学高段语文"词句段运用"教学例谈

谭腊元

语言能力是思维能力发展的重要前提，而小学阶段是语言发展的最佳时期，因此在这个阶段要格外重视学生语言表达能力的培养。纵观当前小学生语言表达能力现状，不禁让人担忧，他们中大多数习惯用记忆来代替思考，用背诵来代替鲜明的感知和对现象本质的观察，一旦头脑仓库里没有"料"，便张口结舌，头脑一片空白。虽说小学高段学生已具备了一定的词句表达和写作基础，但我们发现在语用训练过程中仍存在着"训练过程形式化""训练语言简单化""训练脱离语境"等问题。学生也不能将所学知识和表达方法进行灵活迁移，所以我们教师需要结合学生的实际情况进行针对性教学。

《小学语文课程标准（2011年版）》指出："语文是实践性很强的课程，应着重培养学生的语文实践活动，而培养这种能力的主要途径应是语文实践，不宜刻意追求知识的系统性和完整性。"

部编版小学语文高段教材增设了"词句段运用"这一板块，教师需要明确教材的编排意图，充分重视这一板块的教学，用活教材，使之成为学生跨越书写表达障碍的桥梁。

"词句段运用"呈现的知识与本单元的人文主题、语文要素、文本内容、写作训练，一般会有直接或间接的联系，作为教师，就必须灵活处理好几者的联系，让词句段教学变得灵动，最终服务于书写表达。在此，笔者结合部编版五年级上册1单元"词句段运用（一）"的教学来谈谈小学高段语文教学如何用活教材来培养孩子书写表达能力。

一、在阅读教学中铺垫

教学内容：读下面的句子，体会它们在描写事物的方法上的相似之处。

（1）它的果实埋在地里，不像桃子、石榴、苹果那样，把鲜红嫩绿的果实高高地挂在枝上，使人一见就生爱慕之心。

（2）（白鹭）色素的配合，身段的大小，一切都很适宜。白鹤太大而嫌生硬，即使如粉红的朱鹭或灰色的苍鹭，也觉得大了一些，而且太不寻常了。

（3）青、红的瓜，碧绿的藤和叶构成了一道别有风趣的装饰。比那高楼门前蹲着一对石狮子或是竖着两根大旗杆，可爱多了。

不难看出，其中第1、2例来自课文《白鹭》《落花生》，第3例是中年级学过的课文《乡下人家》中的例句，所以我在《白鹭》一课课文教学时便进行了语用训练。

（1）（白鹭）色素的配合，身段的大小，一切都很适宜。白鹤太大而且生硬，即使如粉红的朱鹭或灰色的苍鹭，也觉得大了一些，而且太不寻常了。

（2）白鹭色素的配合，身段的大小，一切都很适宜。

问：你认为哪个句子好，为什么？

通过对比，学生很容易发现原句好，能较好地说出用"白鹤""朱鹭""苍鹭"的"太大""太不寻常"是为了对比突出"白鹭色素的配合，身段的大小一切都很适宜"的特点，非常鲜明突出。

在第2课《落花生》教学"它的果实埋在地里，不像桃子、石榴、苹果那样，把鲜红嫩绿的果实高高地挂在枝上，使人一见就生爱慕之心"一句时，我抛出问题：

（1）花生有什么特点？

（2）为何要写桃子、石榴、苹果的果实呢？

通过引导，孩子们不难理解，这是运用对比写法，目的是突出花生朴实无华、默默奉献、不求名利的特点，使表达更生动更鲜明。

二、在专题训练中积累

有了单元课文阅读语用教学的铺垫，再上语文园地"词句段运用"时，孩子们便能水到渠成地发现这3个例句无一例外地运用了对比写法，也能很快体会到这一写法的好处。在此，教师顺势再让孩子们从课内课外收集运用这一对比写法的例子，先小组交流，再全班交流。孩子们在交流中增进了积累，开阔了视野。

三、在情景训练中迁移

有了阅读教学的铺垫，有了专题训练的积累，接下来我创设了一系列情境，引导孩子们将对比写法进行迁移，进而能得心应手地运用于自己的写作之中。

我将情境话题分成四类，让孩子们自选一种说一说、写一写。

（一）我对某种动物情有独钟

刘宇涵同学张口即来："坚强如诗的白鹭是郭沫若先生的最爱，可爱活泼的珍珠鸟是冯骥才先生的心头肉，'老爷范'十足的白鹅是丰子恺的独宠，而我却独独钟情于我的长相平平无奇的小狗——来福。"

（二）我喜欢某种植物

刘谨言眼眸一转，很快就站起来说道："它没有大树的苍翠挺拔，没有花儿的娇艳妩媚，却有着'野火烧不尽，春风吹又生'的顽强生命力，我喜欢它——小草。"

一石激起千层浪，大家纷纷发言。"它没有玫瑰的娇艳欲滴，没有牡丹的雍容华贵，没有寒梅的暗吐芬芳，却有着'出淤泥而不染，濯清涟而不妖'的清高正直，我喜欢它——荷花。"刘梓荃迅速举手交流。

（三）我喜欢某个玩具

"他既不像'钢铁侠'那么炫酷，也不像芭比娃娃那么'萌萌哒'，它简单朴素至极，甚至不用一分钱也能自制，我却无可救药地爱上了它。"这也难不倒爱动脑筋的张亚豪同学。

（四）我喜欢某个人

"下课铃响了，大家一窝蜂地涌出教室，开启了课间10分钟'疯狂模式'，有人在聊近几年玩的游戏，有三五成群聚在一起拍卡片，有的在教室走廊追赶嬉闹，而在教室一隅，他却静静地捧着一本书，窗外的阳光洒在他的脸上，是那样宁静祥和。他完全沉浸在了自己的世界中，他就是让我敬佩的超级'书虫'——唐心妍。"提到写人，更是打开了大家的话匣子，说与写的兴趣火花更是被点燃了。

总之，词句段的运用不应该成为没有灵魂的冰冷的训练题，而应该让其多项关联，使其关联单元文本、关联日常生活。

关联课内、课外，关联写作板块，这样的教学充分体现了统评教材单元整体教学的理念，在多维关联中，学生不仅掌握了知识，提升了能力，还开阔了视野，这样的运用又何愁孩子们不喜欢呢？

让"预学批注"生成"课堂精彩"

谭腊元

语文教师们常常期待着这样的阅读教学课堂：学生在交流对文本的理解时，会有各种不同的看法和见解，众多不同的见解在交流中相互碰撞，产生思维的火花。学生在交流时相互启发，相互学习借鉴，或提升自己原有的理解，或拓宽自己原先的认识，从而生成许多新的思考。那么如何才能实现这样的课堂呢？我认为最关键的是要让学生有一个走进文本的过程，要有学生记录下自己初读后的所思、所悟、所疑的过程。而这种过程通常是以写预学批注的形式实现的。

常言道："凡事预则立，不预则废。"学生的"预"就是指预习，写预学批注是为了让学生有"备"而来。但我在实践中发现，常规意义上的"扫障式批注""资料式批注"及"质疑式批注"与平时扩词、解词收集资料和质疑等预习要求基本一致；学生的"感悟式批注"和"品评式批注"则大多是概括性的语句，既没有深入品味语言文字，也无法看到学生张扬个性的自我批注。如何进行有效的预学批注，让预学变得更加实在呢？我结合自己的教学实践谈谈自己的一些做法。

一、关注词语理解的实践批注

我们要让字词预习走向实践、走向创新，以提高学生对字词的理解和运用能力。我在预学中布置孩子们完成这样一个作业："用课文中的生字词语来说说课文主要写了什么，或者写一段连贯的话。谁用得多用得好，谁就能成为本篇课文的'词语大王'。"这样一来，孩子们必须认真读课文，理解词语意思，并认真去概括课文，或编写一段话。这种方法既兼顾了个体差异，又大大激发了孩子们的积极性，促使他们正确运用新词。

二、关注朗读课文的读法批注

我会要求孩子们进行朗读批注，标注朗读的重音、语速、节奏、语气、感情等内容。如四年级上册《巨人的花园》中有一句："花园里常年洋溢着孩子们欢乐的笑声。"朗读重音，有的学生标注"常年"，有的标注"洋溢"，有的标注"欢乐"，有理解的分歧，课堂上才有生成问题的精彩。又如四年级上册《母鸡》的第9段："它负责、慈爱、勇敢、辛苦，因为它有了一群鸡雏。它伟大，因为它是鸡母亲。一个母亲必定就是一位英雄。"我要求学生预习时标注重音，学生用实心小圆点标注了"负责，慈爱，勇敢，辛苦，伟大，母亲，英雄"，还在旁边批注："赞美语气，一句比一句语调要高。"这样的批注长期坚持下去，学生的朗读绝对不会平平淡淡。

三、关注学会质疑的问题批注

在初读时，我要求学生先质疑文题，批注在课题旁。如四年级上册《蟋蟀的住宅》，有孩子在文题旁批注："动物一般说'窝'或'洞'，为什么说蟋蟀的住宅呢？它的住宅是什么样？有什么特点呢？"批注完后要求他们带着问题读课文，在文本中寻求答案，没解决的问题保留，再带着这些问题认真听讲，看看老师是怎么分析的，从中悟出思考问题、解决问题的路子，不断提高分析能力。

我还引导学生关注课文内容和语言，批注问题。读到课文中一些不懂的语句，不明白的地方，觉得前后有矛盾的段落，就把自己的疑问提出来，这就是"矛盾疑问"。同时我强调：批注的语言要简洁、精练，不能太烦琐，用一个词或短句概括，做到言简意赅。同样示范是最重要的，有了示范学生就有法可依，就会举一反三，触类旁通。如四年级上册《白鹅》一课预学时，孩子们圈出"厉声呵斥""毫不相让""架子十足"等词，问题是："这是作者在批评白鹅吗？""作者为什么明明是喜欢白鹅，却要用贬义词呢？"这样的问题，是解读课文的一把把钥匙，也是课堂上需要解决的问题，有助于学生真正走进文本，解读人物的内心世界。

四、关注语言表达时的个性批注

在指导"精彩发现语言个性表达"时，我告诉学生：读课文时要带着像孙悟空一样的"火眼金睛"去发现。好词语、四字词、关联词、反义词、近义词、优美语句、特别的句式等，只要是你发现的，都是精彩发现，最好还能写下自己喜欢或不喜欢的原因。我还做了具体的示范。

在学习课文《巨人的花园》时，文中有这么一句话，"小男孩没有拔腿逃跑，却用他那会说话的眼睛凝视着巨人。不知怎么，巨人看着他的眼神，心里感到火辣辣的"。很多学生一下子就发现了这里包含着"会说话的眼睛""火辣辣"这样两个词语，就写下批注："我觉得小男孩会这样说：'你知道你的花园里为什么没有春天吗？你知道你为什么这么孤单吗？是因为你不会与孩子们分享快乐！'""我从'火辣辣'这个写神态的词读懂了巨人内心的惭愧。"又如学习《颐和园》一课时，当读到"游船、画舫在湖面慢慢地滑过，几乎不留一点儿痕迹"时，学生批注道："滑，一般指滑冰面或比较光滑的地面，这里用滑，是反衬湖面的水平如镜。"学生读到《长城》"单看这数不清的条石，一块有两三千斤重。那时候没有火车、汽车，没有起重机，就靠着无数的肩膀无数的手，一步一步地抬上这陡峭的山岭"这句时，圈出欣赏的词语后，批注道："条石这么多，这么重，山这么陡峭，又没有先进工具，完全靠肩扛手搬，这该多艰难啊！我真敬佩古代的劳动人民！"

写着写着，学生觉得写批注一点儿都不难，没有任何束缚，有自己的个性表达，融入了自我的生活感悟和审美体验，因此他们很乐意带着发现的大眼睛去阅读。只有这样，众多不同的见解在交流中相互激荡，相互品评，从而产生我们期待的迸发智慧浪花的高效课堂。

五、关注初读时的联想批注

联想批注主要指学生读到文本中的某一词语、句子或段落时，联系到自己的生活经历或以往的阅读经验，联想到了生活中、书中学到的其他词语、名言、故事、文章或诗歌等，生发出一些类似的感受，并将它们作为批注，记录下来。这类批注最难，学生往往要经历比较深层的思维活动，调动已有的知识储备，融会贯通；这类批注也是最具有个性化的，最精彩的，最能给人以启迪的。如在学《题西林壁》时，有的学生在诗句末尾批上："当局者迷，旁观者清。"

综合上述，预习是学习的一个重要的环节，是培养学生学习能力、体现学生主体地位的主要途径。因此，预习这个环节不但不能淡化，而且要大力强化，指导孩子做好预学批注，从而提高学生学习效率，培养学生的综合能力，为学生的终身学习和发展打下坚实的基础。

浅谈小学语文教学之法宝

谭腊元

尊敬的领导、老师们:

下午好!

说实话,让我做语文教学经验交流发言,我有些诚惶诚恐,战战兢兢。在座的老师都是语文教学的行家里手,所以,在此不存在经验介绍,只是我的一些不成熟的做法而已,希望能起到抛砖引玉的作用。

一、法宝一 ——人和

其实我担任的六(3)班教学获得全县第1名的成绩,我也觉得有点儿意外。应该说"人和"是重要的因素,这应该归功于我们学校领导无微不至的关怀,归功于我们六年级组的齐心合力,归功于学生的勤奋好学。孟校长等行政班子成员,成了我们六年级组的"包班蹲点"行政,每天都会到办公室询问一番学生动向;吴校长为我们组织每月测试、阅卷,定期召开学生动员大会,为学生扬起了风帆;学校还免费为学生提供复习资料,学生们都由衷感激。同年级的刘亚军、杨淑老师和孟惠妮老师,辅导员符丽元老师更是不遗余力地提供帮助,让我分身有术,全心全意地投入教学中。

二、法宝二 ——爱屋及乌

《学记》有云,"亲其师,信其道",大教育家乌申斯基也曾有过这样一段话:"教师个人的范例,对于学生的心灵是任何东西都不能代替的最有用的阳光。"136班是我从一年级一手带上来的，对它，我倾注了很多的情感，而孩子们感受到了，他们也喜欢上了我，继而喜欢上了我上的语文课，尤其是作文课。我怎样成为学生的"一米阳光"的呢？一是我自己喜欢在学生面前"吹牛"，说我们的学校是如何的优秀，说自己以前带的班级学生如何的优秀；二是特别感谢辅导员符丽元不遗余力地在学生面前"吹捧"我，所以136班的孩子对自己的家长说："我们的学校是全县最好的学校，我们的老师是全县最好的老师！"他们对老师有了崇拜，自然就"不令而行了"。这一点对高年级学生来说至关重要。因为要想让他们考好语文，最起码得让他们喜欢语文，要喜欢语文，至少得喜欢咱们这个语文老师，所以很多时候，我没有摆上师道尊严的面孔，而是把学生作为朋友来用心相处，这样孩子们就觉得我与他们之间没有多少距离。我常对自己说，为了更好地教学生，必须做他们心理上值得依赖的朋友！课上，我的笑容灿烂，我的要求严格，决不容忍一个同学不用心，即使他一向是成绩较好的，只要在学习上出现了不该犯的错误，我依然会严厉批评。这就是爱严并济。我想，这一点大家做得肯定比我好。

三、法宝三 ——培优辅潜

人民教育家陶行知曾语重心长地告诫教师："你的教鞭下有瓦特，你的冷眼中有牛顿，你的讥笑中有爱迪生。"这就告诉我们要正确看待潜能生，要求我们教师首先要更新教育观念，把更多的爱给潜能生。

老师倾注真诚的爱，在感情上亲近学生，在学习上帮助他们，在生活中关心他们，使他们真正感到老师可亲、可信、可敬，这样，他们才会主动亲近老师，才会乐意接受老师的批评和教育。对于思想不稳定、自我控制能力差的学生，我教育他们认真调整心态，帮助他们抵制外界不良因素的引诱，培养他们的自我控制能力，培养他们顽强的意志。

分组实施竞争、合作、互助。在座位的安排上采用"结对子"的方法，课堂上尽量照顾，让学生们有表现的机会，有体验成功的机会；在学习上采用"对手赛"的方法，我们班每个学生都有一个对手，有一个登记本，每次测验（包括听写）都有登记，有进步的都给予奖励；在课堂上采用潜能生优先板演、优等生讲解的策略，让潜能生认识到出错的原因，做好查漏补缺，知识当堂消化。这样在提高学优生的理解与讲解能力的同时，也提高他们的自信心。

实施堂堂清、日日清的原则，不让知识出现脱链、断层的现象；不定期进行知识测验，摸清学生学习情况。每次测验后，要求每个学生不断调整近期学习目标与学习对手。帮助学生分析进步与退步的原因，找到查漏补缺的方法，及时引导学生端正学习态度，做到胜不骄、败不馁。

老师们，我们每接一个班级，总是对学优生和潜能生印象深刻，而中等生这一块，往往被我们忽视了，常记不住他们的名字。然而，正是这一块才是我们老师的用武之地。我们可以把中等生分成两部分：一部分是有可能成为优等生的；另一部分是保持原状，比较不容易进步的或有可能变为潜能生的。针对前一部分的中等生要想尽办法让其提高成绩，让这些学生跑起来。当然我们一时间没有足够精力照顾那么多个中等生，我们可以分批引导，有计划地引导。针对后一部分中等生你就先让他们保持原状，先让他们按原来的速度学习，然后选准时机，逐步点化。

四、法宝四 ——阅读

我们都知道，现在的考试重能力，只掌握课本中的知识是不够的，语文教学的最终目标是培养学生的综合能力，让学生学会分析问题、解决问题。加强课外阅读是提高学生的综合实力的一条重要途径。那么，如何激发学生的阅读兴趣，把课外阅读落到实处呢？

方法很多，我想，首先还是要抓好课堂教学，把每篇课文当作培养学生阅读能力的范例，注重学法的指引，注重过程的引导。其次再精心选择一些同步课外阅读，夯实课内基础，延伸拓展语文运用能力。我们可以有意识地选择一些好书，从好书中挑选一些精彩的段落读给学生听，先把学生深深地吸引住，再促使学生热情地去阅读。最后可以在班中树立爱读课外书的典型来激励学生，鼓励学生向身边的同学学习。同时，我们可以配合阅读教学，积极向学生推荐与课文内容密切相关的读物。因为学生阅读得最多的就是课本，而课本里有些内容是从名著名篇中选出来的，所以，我们要抓住这个推荐介绍名著名篇的好机会。如举行读书交流会、经验汇报会，或是展览优秀的读书笔记、经验，评比表彰课外阅读积极分子等，这样更能激发学生的阅读兴趣。

五、法宝五 ——习作

写作，有人觉得烦恼，有人觉得愉悦。作为语文老师，要培养学生对习作的信心，让学生明白，习作不过是以笔代口，用笔"说"出自己想要讲的话。要减少烦恼的压力，也要宣传写作带来的愉悦。我常常对学生说："即使你们只剩下15分钟写作文的时间也要花上5分钟来审题，这是方向问题，若是跑错了，还不如原地踏步！"

六、我的作文训练方法

（一）情景作文

找准小学生生活的热点、焦点，创设一定的生活情境，让说话写话成为儿童生活的有趣部分。在日常的教学工作当中，我经常有意识、有计划地为学生组织一些活动，指导他们留心观察生活，从生活这块土壤中吸取知识经验，从而积累写作素材，写出真情实感。运用"角色表演法"让学生扮演写作题材中的人物，通过人物的音容笑貌、言行举止，栩栩如生地创演或重演事情经过，让扮演者亲自体验事件中的人和事，让观看者目睹事件的全过程，从而大家都能在写作中形象生动地反映出所见、所闻、所感，写出真切感人的文章来。如在四年级下册第6单元"田园风光"主题作文教学时，我利用多媒体先播放一段《我爱南县》视频，尤其是今年南县又迎来了"南县国际首届涂鸦艺术节"和"南县首届国际美食节"，我利用此契机，组织同学们分组模拟导游：请到我的家乡来做客。一人当导游，其他人扮演不同身份、年龄、国籍的游客，在游玩中观察、聆听、体验，享受特色农家风景风情。孩子们的语言积累被充分调动起来，佳词妙句脱口而出……

（二）由仿写到创新

其实，我们的语文课本每篇课文都为我们提供了很多的仿写范例。只要我们善于发现，注重引导，都可当小练笔，当堂练习当堂讲评，效果很不错，等于是突破了一个又一个的习作难点。

（三）精批细评

这个环节非常关键，在批改作文中，我是最卖力的。错字标点都圈出来让学生自己改正，遣词造句好与不好都画出，等等。分发作文时，还要花一节课的时间来点评。有点儿进步的点名鼓励，写得好的大加表扬，利用微信群"晒"出优秀习作，还鼓励他们投稿，最后拿出几篇有代表性的来进行详细的点评。这样大大激发了学生写作的欲望，他们因此而感到了写作的快乐，这就是我最大的满足。

七、几点建议

这次毕业考试，总的来说学生发挥得较好，但同时也让我们发现了不少存在的问题，今后我们可从以下几个方面努力。

（1）在今后的教学实践中，要加强学生学习态度，包括书写态度、考试态度的教育。重视学生学习习惯的培养：仔细审题、认真答题、用心检查。

（2）重视对学生规范书写的指导与训练。要更加重视书写端正、规范、卷面整洁，培养学生良好的书写习惯；教师要多做示范，对学生的书写多做纠正，利用中午练字时间，逐步培养学生良好的规范书写的习惯。

（3）要更加重视字词教学，夯实语文基础，尤其是对后进生要加强基础练习，让他们掌握好基础知识；重视语言积累，要求学生必背的古诗、名句警句、文言文、名篇名段一定要过关背诵，反复默写。

（4）在课堂阅读教学中，要注重学生语感的训练，让学生掌握阅读的方法和技巧，并注重向课外延伸与拓展。

（5）要加强课外阅读训练，提高学生阅读能力，引导个性阅读，养成良好的阅读习惯，培养良好的阅读理解能力；阅读多进行分类指导训练，对各种题型要引导学生总结答题规律；重视每一次试卷分析及评讲，要求学生进行错题反思，设置错题集；平时保证学生每日课外阅读的时间，并要求撰写阅读笔记，在班级中进行评优。同时每周开设一次专门的课外阅读及交流活动。在分享交流中提高学生阅读兴趣，增强阅读理解和语言表达能力。

（6）作文教学多鼓励多表扬，培养学生自信心。在以后的教学中，一定要多进行各类文体指导训练、讲评，以优带潜。老师也要及时改进自己的作文课堂，利用多媒体创设情境作文模式让学生爱上作文。每次作文都要尽可能地让孩子们大胆地说，再给予写作技法讲解。课堂教学中注重佳句佳段的仿写。班级设立小组竞争机制，比一比、看一看，从多方面激发培养学生的自信心。

（7）狠抓后进生。要帮助他们查找落后的原因，课下及时辅导，发现问题及时纠正，争取让全体学生得到全面提高。平时在课堂上要多关注后进生，督促他们按时完成作业并认真补错，课后及时复习，课前做好检查，力争在平时把所学知识掌握好。

我相信，只要我们每一位老师认真教学与反思，在下次毕业会考中，我们南县实验学校的小学语文教育教学水平一定会再创辉煌的！

从阅读中来，到习作中去

——浅谈提高小学语文读写能力的有效策略

谭腊元

要想让孩子们喜欢语文，读写能力强，还得一手抓阅读，一手抓习作。我把它总结为"从阅读中来，到习作中去"。

一、重视阅读

得语文者得高分，得语文者得天下。部编版小学语文教材更是重视学生的阅读能力，只掌握课本中的知识是远远不够的，简单来说，在新课改的要求下，希望孩子可以具备以下核心素养能力。

（1）对中华文化有认同感、对中国文化的生命力有信心。

（2）具备良好的语感，能有效交流沟通，对国家通用语言文字有深厚情感。

（3）有好奇心、求知欲，思维灵活，积极思考。

（4）能感受、理解、欣赏和评价语言文字作品，具有发现美、创造美的能力。

我们来看名家对新课标第三学段部编版教材的解读和要求。

① 基础型学习任务群——语言文字积累与梳理

张聪（青年名师）：语言积累、梳理与探究——比较表达的"语"和"文"。

② 发展型学习任务群——实用性阅读与交流

张学伟（特级教师）：分享——以多样形式来呈现。

③发展型学习任务群——文学阅读与创意表达

何夏寿（特级教师）：统编教科书文学阅读与创意表达的特色。

④发展型学习任务群——思辨性阅读与表达

特级教师：创设思维情境、呈现思维过程、形成思维碰撞、展示思维结果，成为语文课堂的应然追求。

⑤拓展型学习任务群——整本书阅读

特级教师：儿童最好的阅读状态就是在去中心化的学习空间"自适应巡航"。

⑥拓展型学习任务群——跨学科学习

崔丽霞（青年名师）：语文跨学科学习的评价与学习的过程、态度以及成果密切相关，评价指标设计要指向语文的核心知识、关键能力、必备品格，其具体标准要与课标相匹配。

我想，不管教材如何变，首先还是要抓好课堂教学，一堂好课必须逐一落实目标意识、文体意识、策略意识、进阶意识。即要有单元整体内容和语文要素目标，紧扣文体特点，注意教学策略，每堂课要让学生有"带得走"的语文，也就是有进阶意识。其次根据大单元情境进行拓展阅读、拓展学习，再进行创意表达。

我就拿六年级语文上册四单元教学为例讲讲我是如何做的。

课文	推荐阅读
1. 精读课《桥》	推荐阅读《桥墩》《最后一片藤叶》
2. 精读课《穷人》	推荐阅读《致命的母爱》《麦琪的礼物》
3. 略读课《金色的鱼钩》	推荐阅读《草地夜行》《哨卡》
4. 整本书阅读	推荐阅读《童年》《爱的教育》《小英雄雨来》
5. 创意表达	根据情境自编小说

最后，多进行阅读分类指导训练，对各种题型要引导学生课内总结答题规律；重视课外迁移，重视每一次试卷分析及评讲，要求学生进行错题反思，设置错题集。

平时，我们可以利用阅读课和午读课时间，有意识地选择一些好书，从好书中挑选一些精彩的段落读给学生听，或播放小视频，先把学生深深地吸引住，再促使学生热情地阅读。也可以在班中树立爱读课外书的典型来激励学生，鼓励学生向身边的同学学习。如针对性地举行读书分享会、经验汇报会，或是展览优秀的读书笔记、经验，评比表彰课外阅读积极分子等，这样更能激发学生的阅读兴趣。

二、让学生爱上习作

（一）创设情境，快乐作文

林志芳教授说："语文课程应引导在真实的语言运用情境中，通过积极的语言实践，培养语言文字运用。"

（二）我的作文训练方法

1. 联系生活实际来创设情境

就拿部编版六年级上册作文指导来讲，指导一单元习作《变形记》时，我指导学生想象自己变成什么，以第一人称口吻讲述自己的所见所闻，同时要将现实中突出的热点问题写进去。我们的孩子真是奇思妙想，有的想象自己是大海中的鱼儿，曾经无忧无虑，但有一天，石斑鱼大量死亡，海豚赶紧逃亡，很多鲸鱼集体自杀……将自己对排放核废水的担忧和痛恨表现得十分巧妙。指导第二单元习作《多彩的活动》时，我联系体育老师，组织六年级进行了拔河比赛，让每一个孩子都参与到集体活动中来，再进行点面结合的重点指导，将此篇作文写好。然后告诉他们，活动类作文都是这样写，注意描写场面时既有整体的描写，又有特写镜头，写"点"时，要仔细观察，对人物的语言、动作、神态进行细节描写。所以，以后我们开展"六一淘淘乐""广利源实践研学""元旦游艺会""校运会"等一系列活动时，孩子们都能熟练运用这种写法，写好活动类作文了。

2. 通过表演活动体验情境

还有运用"角色表演法"，让学生扮演写作情境中的人物，通过人物的言行举止，栩栩如生地创编表演事情经过，让表演者亲自体验事件中的人物的喜怒哀乐，体验事情的一波三折；让观看者身临其境，感同身受，从而写出真切感人的文章来。如在六年级上第4单元"笔尖流出的故事"主题作文教学时，我先让孩子们根据课文提供的情境自选剧本，然后一起创编剧情，一起排练，老师和群众点评并建言献策。孩子们的兴趣被极大地调动起来了，在相互点评中思维得以碰撞、升华，最后习作园里百花齐放。

3. 指导学生由仿写到创新

其实，我们的部编版语文课本每篇课文都为我们提供了很多读写范例，只要老师善于发现，注重引导，指导学生小练笔，效果很不错！如六年级下册第6组综合性学习，我们就可仿照《成长的足迹》阅读材料来写难忘的老师和同学；仿照《依依惜别》的阅读材料给老师写信，给校长写建议书，给同学写赠言；学完《竹节人》可以指导孩子们写玩具说明书，或写自己喜欢的玩具、游戏。"花棍""投壶""打瓶盖"等玩具或游戏在孩子们笔下精彩纷呈。我挑选其中写得好的投稿，在《湖南科技报》《科技新报》《课堂内外》等知名刊物上发表，极大地调动了孩子们的写作兴趣。

（三）精批细评，病文升格指导

我会将习作中的错字、标点都圈出来让学生自己改正，也给好的词句画上波浪线，并简单批注。这往往是同学们最期待的，我常看到他们去数老师画了多少个红双圈。而对写得不好的地方，我会选出几篇有代表性的加以展示，让同学们一起想办法，说说如何修改，为什么这样修改。范例如下：

【原文】

鞭炮声中又一年

今天，是大年三十，也是虎年的最后一天，这一天处处充满着年味。

走在街上，放眼望去，尽是红彤彤的。一个个小巧玲珑的中国结挂在树梢，树叶轻轻晃了晃，就像在说："新年到了，我也穿上新衣服了呢。"红灯笼在屋檐下开心地荡着秋千，摇啊摇，似乎要把好运荡过来。人们也都出来采购年货了，处处是欢声笑语，无论站在哪里，都觉着被年味包裹。

到了晚上，就更热闹了，空旷的广场上尽是来放烟花的人。小朋友年龄太小，只能拿着仙女棒，静静地欣赏着璀璨的亮光。可广场上可不只有小朋友。"咻——砰——"一道黄金的光芒飞到天空，紧接着就是十几道同样的光芒飞了上去，忽然光芒一闪，之前的光顿时炸开，新的火光飞流直下，在天空中形成了"庐山瀑布"。不少的人连忙掏出手机拍照，在照片中，各色的烟花争先燃放在夜空中。广场上，人们都抬头望着天空，各色的烟花照亮着人们的脸。

此时，电视中传来了倒计时"十、九、八……三、二、一！"就在最后一秒，窗外放起了烟花鞭炮，电视中的小兔子也蹦蹦跳跳地出现在屏幕上，就像在宣布："老虎哥哥下班了，从今天起，兔兔我就正式上岗了，大家要开心健康啊！"

爆炸声中一岁除，春风送暖入屠苏。窗外的烟花依然照亮着夜空，鞭炮声、欢笑声响成一片，就像一段有声有色的交响乐。这天，我们又长大了一岁；这一天，亲人团聚，其乐融融！

【改后】

疫散云开欢乐年

今天是大年三十，农历虎年的最后一天。

走在街上，浓浓的年味扑面而来。红红的中国结挂在树干上，微风中树叶轻轻起舞，仿佛在说："看看我的新首饰漂不漂亮？"大红灯笼在屋檐下开心地荡秋千，荡走烦恼摇来好运。放眼望去，处处是欢声笑语，年味充满着每一个角落。

除夕比往年更热闹，疫散云开，人们终于可以拥抱美好生活了。你看，广场上人头攒动，来放烟花的人络绎不绝。小女孩拿着仙女棒，眼睛里满是璀璨的亮光。小男孩用力把"小金鱼摔炮"摔在地上，听到"啪"的一声响，脸上乐开了花。"咻——砰——"一道道光芒飞向天空，绚丽多彩的烟火在空中飞流直下，如同一道瀑布。很多人拿着手机拍照，将最美的景致定格成片，而这美好的夜晚也永远定格在他们的脑海中。大家抬头望向天空，一簇簇烟花璀璨绽放，点亮了夜空，照亮着人们灿烂的笑脸。

当电视机里倒计时的声音响起"十、九、八、七……三、二、一"爆竹声顿时响彻云霄，电视机里，一只憨憨可乐的小兔子也蹦蹦跳跳着，好像在宣布："老虎哥哥下班了，从今天起，我就正式上岗了，会给大家带来快乐、健康和平安！"

爆竹声中一岁除，春风送暖入屠苏。窗外爆竹连天，屋内笑语盈盈，爆竹声和欢笑声融合在一起，此刻传入我的耳朵里，就像一首动听的交响乐。

难忘今宵，疫散云开欢乐年！

（此文于2023年2月2日发表于《湖南科技报》，作者：南县实验学校1705班　田忻益　指导老师：谭腊元）

（四）教师平常也要多阅读，勤练笔，多写下水作文

在给学生布置作文时，我还和学生同题作文，看谁写得好，看谁写得快，看谁的作文水平能超过老师。如我要求学生写《童年趣事》，我自己先写自己的童年趣事，我要求学生给爸妈写信，我自己写《爸爸，您今夜还会入我的梦吗？》表达对已故父亲的思念。我要求学生写"祖国在我心中"演讲稿，我自己写了《壮哉——我心中的千古美文》。同堂同题作文使学生在比较中，发现了自己的不足，提高了学生的写作技能，并在一定程度上开拓了学生的思路，教师也能通过比较发现学生的种种优点和不足，以便对症下药，量体裁衣。此外教师更能体会到习作的难易度，从而促使教师在布置作文时认真思索多方考虑。同时，从辅导学生作文的实践和体会来说，教师经常写作文，增强了内功，辅导学生作文时，眼高手不低，左右均逢源，得心又应手，苦中自有甜。经常写作文，又常有文章见诸报刊，学生会更加钦佩老师，愿意按老师的指点去做。

让孩子们从阅读中来，到习作中去，我们的语文教育教学水平一定会创造辉煌的！

培养问题意识，激发创新精神

—— 谈新课程背景下小学阅读教学中学生问题意识的培养

夏顺

在阅读教学中培养学生的问题意识，是小学生日后学习与发展的必要前提，所以，要从小就需要开始培养学生的阅读能力。而在小学这一关键时期，培养学生问题意识是很有成效的。因此，小学老师要结合实际情况对小学生的问题意识进行培养，采用现代教学方法，改进教学策略，激发小学生学习的积极性，让学生从小就具备良好的阅读能力以及良好的学习习惯，毕竟增强阅读能力可以陶冶学生的情操，增加小学生的书生气息。

一、小学语文阅读教学中对学生问题意识的培养现状

现阶段，传统的应试教育依然很大程度上影响着我国的教育事业，教师在课堂教学的过程中往往过于注重对小学生语文学习成绩的提高，然而对学生在阅读教学中问题意识的培养与提升不够重视。但是培养问题意识作为小学语文教学活动的一个小的主体，教师的教学要充分结合学生的年龄和思维特点以及学习习惯合理设计教学模式。但部分老师教学理念落后且不能及时更新，导致学生对阅读的兴趣不高，这就会对小学生的发展造成消极的影响。长期处于这样的状态，会使学生没有积极的学习兴趣。尤其是作为语文学科，有时候语文的阅读本来就是枯燥无味的，加上大部分小学生的自觉性与对阅读的喜爱程度并不高，自身的阅读水平难以增长，这不利于之后的学习与发展。

另外，学生的阅读量是应该随着年级以及阅历不断增加的，后面的学习会

对学生自身的要求越来越高，如果仅仅依靠老师课堂上的讲解，学生可能难以理解透彻。而且，学生在教师的引导下，逐渐形成了一种固定的思维模式，使得他们不能形成独立的思考，因此，学生也应该自觉学习，多积累，提高综合素质。

二、小学语文教学中阅读教学优化的策略与方法

（一）开设课外阅读活动，培养小学生的问题意识

小学生的学习压力相对于初高中生来说还是比较小的，他们会拥有更多的时间来进行阅读，因此，小学生要把握好课余时间来增加阅读量。对小学生的问题意识展开培养，学校可以组织老师开设课外阅读活动，为小学生拓展阅读量，让小学生在阅读的过程中做到主动思考，积极探索，有问题及时提出，主动寻求答案。课外阅读活动可以有效增加知识的积累，提升语文的阅读能力，培养学生的问题意识。而且，作为一门需要长期积累的学科，语文的阅读是慢慢积累起来的，所以，我们可以跟随着学生的不断成长，在选择阅读材料的时候由简单到复杂，让学生更好地理解。而且，在后期的阅读中，老师可以为小学生选择一些合适的散文、诗歌以及记叙文，让学生不断拓展视野。

例如，在小学生对古诗的学习与阅读达到标准后，可以为学生推荐更多的课外古诗词来自学，让他们自己发现诗歌的美；还可以在学生能够深刻理解课文后，推荐他们阅读更多写景的文章，让他们在阅读中身临其境地感受这个美丽的世界；在高年级学生学有余力之时，为他们推荐更多的报刊来开阔视野，当他们遇到不理解的知识点的时候，鼓励他们及时提出，主动寻求帮助，从而培养问题意识，增加他们的阅读量，增强阅读能力。

（二）老师采用正确的教学方法，引导学生进行正确有效的阅读

学习不能一成不变地死记硬背，而要采用正确有效的学习方法，阅读也是如此。在进行小学生问题意识的培养中，我们应该教给学生正确的阅读方法。正确的方法是引领学生走向成功的捷径。现阶段，多媒体技术已经进行了多次技术革命，得到了很大程度的技术创新与应用发展，给我国的教育事业带来了美好前景，为学生的学习发展、老师的教育教学、学校的多元化管理搭建了一个全新的平台，将这一技术运用在小学语文阅读学习方面，对小学生的长远发

展是极其重要的。

（三）构建轻松愉快的语文学习氛围，提高小学生的学习兴趣

小学生比较活泼，他们的思维是极其活跃的。而过去的教学方式往往是严肃而又古板的，有的教师希望通过这种沉闷但严肃的氛围来督促学生全身心投入学习。但是对于小学阶段的学生来说，他们还是比较好玩，对外界充满好奇，显然这种教学氛围是不适合他们的，导致他们对阅读产生抗拒和厌倦而不愿意参与学习活动。因此，培养小学生的问题意识需要为他们营造一个良好的学习氛围。

三、结语

综上所述，教师在对小学语文阅读的教学过程中，应该营造一个舒适活泼的学习氛围，让学生处在一种忘我的情境中去感受阅读的魅力，与此同时，培养他们的问题意识。教师也应当关注学生的学习状态与情绪，及时给予鼓励，通过探索找出小学生感兴趣的语文阅读学习模式，以正确的教学方式方法，来有效激发学生对语文阅读的兴趣，从而提升语文学习效率和学习质量，提高学生的综合素质。

参考文献

［1］陈威.小学语文教学中应注重学生阅读能力的培养［J］.小学语文教学中学生阅读能力与审美能力的培养.教育：文摘版，2016（11）：229.

［2］俞杨.小学高年级阅读教学中学生问题意识的培养［J］.中学课程辅导（教师通讯），2012（2）：120–121.

以人为本，提高课堂讨论实效

夏顺

一年多的课改实践使笔者深深认识到，在小学语文课堂教学中，课堂讨论是课堂教学中最经常、最普遍，且不可缺少的重要教学方式之一，也是沟通教师、教材和学生三者之间的桥梁和媒介，是师生进行思想交流的重要方式。但在实际的教学活动中，真正有效的讨论却较少，课堂讨论的运用出现了"热热闹闹开始，冷冷清清收场"这一奇怪现象。

那么，如何提高小学语文课堂讨论的效果呢？笔者以为应该注意以下几点：

一、优化学习小组，注重讨论方法

语文课堂讨论能否达到预定的效果，学习小组的合作就显得至关重要。教师在建立小组时必须注意成员结构的合理性，特别要注意小组成员间的语文素养的差距，并做到优势互补。教师要按照学生的知识基础、学习能力、性格特点的差异来进行分组，让不同特质、不同层次的学生进行优化组合，使每个小组都有高、中、低三个层次的学生。这样的分组有利于学生间的优势互补；而且也为全班各小组的公平竞争交流奠定了基础。从笔者的实践操作来看，这种分组也不是一劳永逸的，必须隔段时间就重新进行组合，因为部分学生在该小组中已经形成了自己的地位，即有的学生始终处于控制地位，有的学生始终处于从属地位，这不利于部分学生的个性发展。

另外，教师平时还要注意对学生进行课堂讨论方面的基本技能训练。为了使课堂讨论富有成效，在日常的教学中，教师还要教给学生参与课堂讨论的基本方法与技巧。教师应告诉学生如何表达自己的观点，如何倾听别人的意见，如何针对别人的意见表述自己的不同看法，如何向别人提问，如何概括或归纳别人的思路等。

二、精心设计问题，营造良好氛围

讨论是由问题引发的。课程改革要求课堂教学以学生为主体。在课堂讨论中，问题的解决不再是简单地认为学生掌握了某个知识点，而是一个思维方法的训练过程。因此，教师必须遵循学生的认知特点和教材的特点，精心设计问题。

课堂讨论既是课堂教学的重点环节，又是课外学习的集中反映。因此，问题的设计必须具有一定的概括性和发散性，要能充分调动学生主动探究的兴趣，并由课内向课外延伸，使学生的情感在问题的引导下，在老师的点拨下，向更深、更广的层次拓展。比如在教授《草船借箭》一文时，笔者提出这么一个问题进行讨论："诸葛亮明明是用计谋从曹操手中骗来了箭，题目中的'借'换成'骗'不是更好吗？"学生的思维一下子活跃起来，有的说："周瑜让他三天造十万支箭，而诸葛亮用计谋得到了，可谁说自己是骗子呀，因此用'借'。"有的说："'骗'比借直白。"有的说："既然是借，肯定要还，只不过还的方式很特别，是在下次交战时还给曹兵，所以'借'字没有用错，而且还是'点睛之笔'。"学生的兴趣被激发起来，产生了强烈的求知欲望，讨论得非常积极，大家各自发表独特的见解。

为便于讨论顺利开展，教师应把自己的外在权威隐藏起来，适当"稚化"，蹲下身子与学生平等相处，以与学生同样好奇、同样有兴趣、同样有激情，融入学生中间，创造一个宽松、民主、和谐甚至带有幽默意味的氛围，使学生感受到"心理安全"和"心理自由"，从而以开放的心态将思维发散开来，动脑、动手并动口，大胆地发表对所议问题的看法。学生在讨论中，受到教师、同学的尊重，其所思所想就能得到充分的阐释与交流，得到民主平等情境下的修正、提高。例如，在教《小嘎子和胖墩儿比赛摔跤》时，笔者就设计了一个环节：请同学当演员，上台来扮演小嘎子和小胖墩儿，把他们摔跤的动作过程演出来。先让学生在朗读的基础上开展课堂讨论，让他们准确把握好文中描写的每一个动作，这样，学生就能在轻松、和谐、愉悦的学习氛围中自主讨论，充分发挥出自己最大的能动性，充分感受知识产生、发展的过程。

三、善于启发诱导，及时合理评价

从提出问题到讨论问题的这一过程，教师的作用是适时调控、巧妙诱导。一方面要使问题富于启发性，激起学生探讨的兴趣；另一方面，当讨论展开以后，教师要仔细倾听学生的各种见解，及时把握时机，对学生进行"诱"和"导"，防止学生提出的问题之间联系不紧、跨度过大、脱离学生认识问题的规律，不利于讨论的进行和问题的解决。教师要灵活引导学生围绕讨论的主题，由浅入深、层层递进，逐渐将学生的思维引向更深、更高的层次，逼近核心问题，使学生能够自己去发现有价值的东西。例如，在《珍珠鸟》一文的教学中，学生读到描写珍珠鸟外形的句子时，被"它好肥"三字逗乐了，于是我请孩子思考并讨论，"它好肥"读起来的确好玩，那么这三个字表达了作者对珍珠鸟怎样的情感呢？从而体会"它好肥，整个身子好像一个蓬松的球儿"这一比喻的表情达意的作用。

当讨论结束时，教师要对讨论作出评价，恰当的评价会对学生起着导向和促进作用，因此，教师要不失时机地对学生参与讨论的情感、态度、表现等及时地进行恰当的形成性评价。如果不进行总结评价，就会使学生对讨论的结果和讨论中出现的问题没有明确的认识，反而会引起认识上的混乱。在评价上不能单纯地看结果怎样，也要评定学生在讨论中的情感、态度、能力上的呈现，引导学生分享彼此的思考、知识、经验，以求获得新的发现和理解，共同获得提高。

总之，有效的课堂讨论必须以人为本，关注学生的进步和发展。这要求教师精心设计问题，讨论才能有较高的质量。有效的讨论不仅能促使学生深入理解文本，还能培养学生的合作能力以及口头表达的能力，发展学生的创新思维，培养学生的创新素质。

注重课堂提问，促进课堂生成

夏顺

在小学语文教学中，课堂提问是优化教学过程、提高教学效率的重要手段，它在整个课堂教学中有着举足轻重的作用。一个好的问题会点燃学生思维的火花，能催生学生创造力的萌芽，能促进学生动脑、动口、动手，启迪学生心智和思维，激发学生强烈的求知欲，达到培养学生好问、善思的目的。所以，课堂提问既是一种教学手段，更是一种教学艺术。而在动态生成型的课堂中，教师如何才能充分发挥提问的有效价值，使课堂提问真正能激发学生的思维，达到教学目标呢？

一、营造民主氛围，创设生成环境

心理学告诉我们，自由能使人的潜能得到最大的发挥。传统的师道尊严，往往使学生的心理受到压抑和控制，学习活动不可能充分展开，学生想表达而不敢表达，想争论而不敢争论，只得服从老师的安排，被动地吸收，无论是学生的心得，还是课堂问题，都无法"生成"。所以教师要努力构建一种开放、和谐、愉快的课堂氛围，一种能真正凸显学生的主体意识的新型的学习环境，唤起学生学习的动机，激发学生学习的欲望，从而让学生敢于发言，敢于对话，敢于辩解，"生成"才可以真正实现。

如一篇文章的学习，学生在初读之时，会遇到一些难以理解的问题。在民主的气氛下，他可能在课堂上提出来。此时教师根据教学目标把不同学生的问题进行筛选，调整为教学进程中的引导性问题。另外，学生凭借自己的阅读水平，理解文章内容，确实有很大的困难，这就需要教师的引导、点拨、提示。师生在民主和谐的氛围中，共同促成问题的解决，以达成教学目标。

二、精心设计问题，给学生留下足够的生成空间

教育家苏霍姆林斯基说："教师高度的语言修养是合理地利用时间的重要条件，极大程度上决定着学生在课堂上脑力劳动的效率。"这就给教师提出了一个高标准要求：课堂提问不仅要讲求科学性，还要讲究艺术性。要达到此要求就需要教师精心设计和提炼一些富有启发性、情感性、变通性、挑战性和富有价值的问题，引导学生思考方向，扩大思考范围，提高思考层次。

如著名特级教师徐善俊在执教《蔺相如》一文中的"渑池之会"时，精心设计了这样一个导读题——在"渑池之会"上，蔺相如和楚王是打了个平手呢还是决出了胜负？学生围绕这一问题读呀、想呀、画呀、写呀、争呀、辩呀，课堂上你来我往，各抒己见，生气勃勃。最后学生意见得到了统一，大家都认为在渑池之会上是赵王战胜了秦王。紧接着这位老师又追问一句："你们是怎么知道的？"学生争着发言。一位学生说："课本上说'秦王没占到便宜'，我推想一定是赵王占到了便宜，所以我认为赵王胜了秦王。"一位学生说："赵王为秦王鼓了瑟，秦王也为赵王击了缶，但秦国是大国、强国，赵国是小国、弱国，因此可以说是赵王胜了秦王。"另一位学生说："还有，赵王鼓瑟是秦王让他做的，而秦王击缶是赵王的手下蔺相如让他做的，从这个角度来说，也是赵王胜了秦王。"还有位学生说："我是从乐器的声音中听出来的，瑟的声音优雅动听，赵王鼓的是胜利之歌，而秦王击缶的声音像敲破罐子的声音一样，所以我觉得赵王战胜了秦王。"

徐老师提问的目的，是引导学生从不同的侧面与不同角度来立体地感知蔺相如的人物形象。这个问题不但训练了学生的逻辑思维能力，而且培养了学生的发散思维能力，实际上就是培育了学生的创新思维与创新能力。所以，课堂问题的提出，不是以一个答案去束缚学生的思维，而是创造一个自主学习的时空与机会，发散学生的思维，具有巨大的求异性与包容性，要给学生留下足够的生成空间。

三、巧用课堂提问，在生成中适时引导

课堂上，师生互动、思想碰撞，常会擦燃双方智慧的火花，当然，也会将学生的思想展现得淋漓尽致。为了让学生更为有效地学习，更加健康全面地成长，并最终成为社会所需要的人，教师在教学实践中就要善于捕捉那些有教育价值的事件（包括学生的提问、反应、表现等），并注意引导，使教学活动蕴含的教育功能充分地发挥出来。

如教学《草船借箭》一文，在初读课文时，有位学生提出"草船借箭"的"借"用得不对，理由是"借"应该是别人同意的，诸葛亮"借"箭，没有取得曹操同意，是曹操中了诸葛亮的计，诸葛亮不是"借"箭，而是"骗"箭或"诈"箭。我随机点拨提问："那课文中为什么要用'借'呢？"一石激起千层浪，学生们各抒己见。有的说，两军对垒，运用谋略，不能说诈骗，不然，诸葛亮就不是一位军事家；有的说，评价某一行为应该先看他是为谁服务的，为人民服务的、为国家利益的应该说是正确的，反之，是不正确的；也有的说，借与还是相对的，诸葛亮把"借"来的箭在以后的战争中仍旧"还"给了曹操，而诈骗犯把别人的钱财拿到后还会还给被骗的人吗，无疑用"借"是正确的。可见，在学生发现问题中，教师适时地提问点拨，既可以激发学生探索问题，充分发挥学生的主体性，又可以培养学生的创新思维能力、树立正确的价值观。

教无定法，问无定规。课堂提问是一门艺术，若要实现引燃学生思维的火花，培养学生思维的多向性、灵活性、创造性，锻炼学生的思维判断能力，最终实现理解所学内容，获得知识技能，使学生成为学习的真正主人的新课程目标，我想教师只有营造民主的课堂氛围，精心设计、巧妙使用、课堂提问，才能促进课堂的生成，才能让课堂风生水起！

小学语文阅读教学中如何渗透德育

夏顺

小学语文学科是基础性工具学科。它的内涵随着时代的发展而拓宽，它不仅是人的交际、思维、生活的工具，还是人认知世界、学习科学文化知识的工具，同时又有着强烈的人文因素，对学生人格的熏陶、情感的陶冶、社会责任感的形成有着其他学科不可替代的作用。纵观十二册语文教材，每册精选的课文都是对学生进行德育教育的最佳蓝本。因此，语文阅读教学就成了德育工作的主渠道，我们要不失时机利用好这片沃土，充分挖掘其内在的育人因素。那么，如何充分发挥学生的主体作用，让学生在语文阅读教学中得到潜移默化的影响呢？我来谈谈自己的几点做法。

一、创设情境，进行德育渗透

小学语文教材选编的都是文质兼美、脍炙人口具有教育意义的好作品，体现了文以载道、道以文益的原则。但小学语文教材的德育意图却深深地潜藏在每篇文章的字里行间，都不采取直接表达的方式。因此，在教学课文时还应该辅以与课文相适应的情感介绍，模拟出真实情境以制造氛围，使学生有身临其境的感觉，让他们在创设的情境中、在强烈的氛围中投入学习，从而获得更真实、更深刻的体会。为了让学生更好地进入课文描写的情境，在教学中，可以运用多媒体课件、远程教育资源，表演课本剧等创设情境，更加生动形象地教育学生，使学生入情入境，潜移默化地受到感染，寓教于乐，有效地激发出教师所期望的情感，最终体现"文道统一"。比如我在教学《再见了，亲人》这篇课文时，发现许多学生都对抗美援朝的历史不了解，不明白中国人民志愿军是什么。这样，就需要教师在讲课之前向学生简单地介绍一下当时的历史背景和中国人民志愿军抗美援朝的历史，让学生认识到中国人民志愿军抗美援朝对朝鲜人民的重要意义，使他们在学习课文之前就对中国人民志愿军产生深厚的感情。这样，在后面的新课讲授中，学生就能够理解到——为什么朝鲜人民对中国人民志愿军归国会如此依依不舍了。

二、品读语言，进行德育渗透

古人云，"文章不是无情物""凡为文以意为主"。阅读教学中的思想道德教育，是渗透在语言文字教学过程中的。因此，在教学中，教师要善于抓住重点字、词、语句，引导学生细细品味，从而揣摩其中的思想感情，在读中培养语感，在读中受到思想和感情的熏陶，在读中受到"润物细无声"的教育。如《白杨》一课，通过学习课文，学生理解了借物喻人的写作手法，即借白杨的精神品质，赞扬了边疆建设者扎根边疆，建设边疆的博大胸怀，深刻领悟了"爸爸"像白杨树一样的坚强意志。课文结尾以"在一棵高大的白杨树身边，几棵小树正迎着风沙成长起来"与"爸爸一手搂着一个孩子"的形象相互映衬，含蓄隽永，耐人寻味。寻味什么？我紧紧抓住这两个句子进行对比，从"沉思""微笑"这两个词入手，进一步挖掘进行德育教育的潜能。通过诱导启发，学生领悟到在"爸爸"的眼中小树就是孩子，孩子就是小树，孩子们在"爸爸"的关怀、教导下，也会勇敢地迎着风沙成长起来。学生们谈到在建设边疆、西部大开发的洪流中，他们的祖辈和父母也贡献了自己的力量和才华，值得歌颂和赞美。他们也会像小白杨一样在父母的呵护下茁壮成长，继承父辈的意愿，建设西部，使其美丽、富饶。这样，德育就非常自然地渗透到了教学当中，学生在不经意中欣然接受了。

三、联系生活，进行德育渗透

语文教材中那一篇篇文质兼美的文章及一个个鲜明感人的形象，一颗颗纯洁美好的心灵，都是学生的指路明灯。教学中我们不但要用道德知识去武装学生的头脑，还要引导他们运用所掌握的知识去指导和规范自己的行为，并使之成为良好的习惯。这就需要导行，导行是讲和思的继续，必须适度，要求不宜太高，太高了会使学生望而生畏，失去信心，过低又不能激发学生进行道德实践的愿望，应略高于学生原有的品德基础，使之经过努力就可以达到。如教《山中访友》时，作为教师不能讲大道理，而是应将这课学到的老桥的无私奉献精神细化成生活中的日常行为规范，让学生用课文中学到的内容去规范生活中的言行，如让学生自发组织校外护绿小队，每周活动一次；还可教育学生自己做到不践踏草坪，遇到别人践踏花草的现象时就有意识地制止。这样，将高难度的德育行为细化成生活中一些日常行为规范，学生既易做到，又达到了课文育人的目的。还可引导学生用课文中学到的道德尺码去检验社会千姿百态的现象，明辨美丑是非，使德育渗透卓有成效。

叶圣陶先生说过："作为一个教师，只要把功课教好还远远不够，最重要的是关心学生健康成长。"教育有法，教无定法，在小学语文教学中进行德育渗透亦是如此。教师运用阅读教材进行德育渗透的过程中，要不断地探索、研究和积累，让德育教育与阅读教学融为一体，这样，使学生自觉地思考，增强自我教育的能力，从而提高自身的品德修养。只有教师做到"既教书又育人"，我们的教学才算成功。

好风凭借力，扬帆济沧海

——集团化办学力促安庄分校教育教学质量提升

夏顺

三年多来，实验学校教育集团安庄分校作为南县"集团化"办学的首批尝试者，一直致力于提升农村学校教育形象，提高教育教学质量，努力把一所农村小学办出特色，办出成效。我们重点做了以下三个方面的工作。

一、把每一个孩子放在心上——渗透一个"爱"字

集团化办学，要让农村孩子也像城市孩子一样，有优质的学习资源、有广泛的关注。教育集团从成立之初，就致力于构建"统一管理，资源共享"的运行机制。在育人理念方面，从集团到分校，再到各班级，从校领导到每一位教师，"把每一个孩子的健康成长放在心上"一直是我们集团工作的主旋律。

一是关爱留守儿童，开展免费课后服务。2017年秋，全校119名学生，学生发展不均衡，学生基础参差不齐，其中精准扶贫户子女就达到16人，另外还有3名智力残疾学生。而且绝大多数孩子都是留守儿童，一般都是由其祖父母监护，这些家长文化水平较低，绝大多数根本不具有辅导孩子的能力，这对提高教学质量无疑会产生很大的影响。为此，学校开展免费课后服务，中午一个小时，晚上一个小时，三年时间从未间断，也从未收取任何费用。中高年级以辅导作业为主，低年级以丰富多彩的课外特色兴趣班活动为主。免费课后服务的开展，为留守儿童排忧解难，既引导他们养成良好的学习、行为习惯，也大大地提升了学校教学质量。

二是关注孩子身心健康，实施全员大家访。每学期，由学校行政"蹲点"到各班，班主任具体组织，利用每天放学后的时间或周末，必须对班上所有学生进行一次全面的家访。家访前有家访计划，家访情况有详细记载，家访结束有总结。在家访中，老师们都用自己的爱心、耐心、细心真诚地做这项工作，其间发生了很多感人的故事。三年级学生张珍妮，家庭贫困，聪明但学习无斗志，自由散漫。为解决这一问题，当时班主任周唯老师不顾一天工作的辛苦，放学后骑车登门拜访。了解到家长有时因在外务工时间长，很早就将小孩送到学校，很晚才来校接，所以周老师经常放学后为她补课，有时甚至还送其回家。家访当天与家长见面交流一个多小时后，周老师在夜色中骑车回家，家长很是感动于老师对工作的敬业和对自己孩子的负责。这份感动，更拉近了家长与老师，老师与学生之间的情感，让我们的教育真正实现了"以心灵感动心灵，以尊重赢得尊重"。

三是关心学生学业水平，落实培优辅潜工作。由于种种原因，我校各个班级都不同程度地存在"潜能生较多、优生群体少"的现象，这对学校整体质量提升的影响很大。学期初，学校通过调查分析，了解各年级潜能生的情况，制定培优辅潜计划，出台相关措施，老师们再依据学校计划和措施，结合本班学生的实际情况制定相应的计划和措施，并认真做好培优辅潜记载，形式多样，内容具体，贴近学生的原有基础。一直以来，老师们坚持"把每一个孩子放在心上""只讲主观，不谈客观"的原则，想尽一切办法高质量地做好培优辅潜工作。有的根据学生掌握知识的情况从作业设置入手；有的根据学生的喜好，自己掏腰包购买玩具或零食作为奖品进行激励；有的根据学科特点利用课余时间有针对性地进行一对一辅导……让培优辅潜落到实处，真正做到培优定时，辅潜随时。特别是对潜能生的辅导耐心细致，使每一个潜能生在原有的基础上都有所进步和提高。在期中考试以后，学校又通过多种渠道、多种形式了解学生辅导的情况，并组织教师相互交流各自的办法和举措，取长补短，并提出具体的意见和建议，不断推动培优辅潜工作的有效开展，从而有效提高了学校整体教学质量。

二、抓住常规管理中每一环节——奉行一个"实"字

集团化办学不是将集团内的优质教育资源稀释，而是通过先进的日常管理模式、具有实效的校本研修等手段，使集团内的优质教育资源、优师力量发挥"造血功能"，在充分发挥辐射作用的同时，能够向新的高度攀升，并使集团的整体教育水平达到甚至超过原有优质学校的水平，从而"孵化"出更多优质学校，满足人民群众高质量教育的需求。

集团化办学以来，学校就在集团的指导下抓实教学质量提高中的每一环节。

其一，落实教学常规，细化管理。教学常规的落实是提高教育教学质量的基本保证。因此，作为分校，我们在集团制定的一整套教学管理制度的基础上，结合我校实际，也制定一系列的教学管理制度，要求教师严格按照相关制度的要求，备课、授课、布置与批改作业等。学校定期检查教师的教学计划、教案、学生作业、辅导记录等，引导教师发现问题，并提出解决问题的指导性建议，为教师改进教学方法提供科学依据。

其二，借助集团优质资源，以"教研走访"为载体，扎实开展教研活动。在集团化办学不断推进的过程中，发挥好教研活动的作用，在共融、共享、共赢中盘活资源。2017年集团成立以来，年轻教师偏多，虽有"师父"的指导、自己的勤勉，但毕竟受经验积累的限制，还需要不断地雕琢。对于教研组来说，教师的培养是数量多、任务重，时间与机会却有限。一对一的指导，受益面偏小，解决不了人多的问题，于是我们采用的是"教研走访"的活动形式，集团总校确定活动方案后，各校区以语、数两个学科分别派一位教师进行走访展示。我们采用了走访四部曲：一是分校自行构建课的基本框架；二是三校教研组长、教学骨干及在此课上曾有研究的教师一起听试教，抓理念、抓思路、抓细节，并确定教学方案；三是分校理解方案，抓操作、抓落实，再试教、讨论，在讨论时注重摆现实、抛问题，侧重于整合环节，打磨细节；四是执教教师正式在各校区上展示课，其他同科教师听课评课。这种教研方式打破了"一校为本"、单兵作战的传统格局，让分校的孩子享受到了优质的教育资源。两年来，"教研走访"已经从语文、数学拓展到英语、体育等多门课程，形成了各学科"集团教研联合体"，建立起了较为完善的"教研走访"活动制度。

"教研走访"的开展既是对教师个体的打磨，也是对教师团队的锤炼，是集体智慧的交融，也是团队素养的并进，让学校逐渐拥有一支业务精湛、教学质量高的教师队伍，从而促进了教学质量的提高。

三、把握每一次教育契机——着眼一个"细"字

集团化办学，要立足于促进学生身心成长的目标，要抓住一切教育契机，注重德育实效。种田要抓住"农时"，打仗要抓住"战机"，教育也要抓住每一次契机，才能收到事半功倍的效果。我们认为，一面墙、一个建筑、一次活动、一件小事……每处细节之中都蕴含着教育的良好契机。

我们改善办学条件，营造良好育人环境。良好的育人环境，既是一所学校的形象，又是一所学校的灵魂。它能使广大师生时刻体验到校园的感染力、凝聚力和震撼力，时刻享受到置身其中的幸福与自豪，从而对工作、学习产生兴趣，充满信心。历史上"孟母三迁"的故事就是文化环境熏陶人成功的范例。基于这一点，2017年以来，学校对校园文化进行了重新布置，秉承实验学校"诗意教育"发展理念，尽力让每一面墙壁都"会说话"，让每一个角落都有美在闪光。一进校门，就能看到有《论语》《三字经》《千字文》为内容的国学文化长廊，教学楼走廊展示有精选的唐诗宋词等，寓教育于经典之中。在这种浓郁校园文化氛围潜移默化的影响中，学生自我完善，自我提高。让每个人置身校园，犹如走进诗意教育的大课堂，视线所及之处，洋溢着浓郁的文化气息。

我们以活动促质量，营造书香氛围。一直以来，学校在全体师生中积极倡导"读进步的书，做最好的我"。开放校园阅览室，落实每日一词、每周一诗，鼓励师生读书，读好书，创设良好的文化环境，使浓厚的阅读氛围充盈着校园里的每个角落。开展书香班级评比、征文、演讲、诗文朗诵比赛等活动，让师生在活动中感受到快乐，体验到成功。去年的六一儿童节，学校进行了国学经典集体诵读活动，让每个孩子大量阅读、海量背诵。从名言警句、好书的阅读，到经典传统文化的背诵，学生的阅读量在日益增加，语言积累也是越来越丰富。另外，每学年学校收集学生的优秀作品编辑成作文集《童言童语》，每人一册，充分地调动学生写作热情，促进良好学习习惯的养成。这样，学校

教育教学质量的提高也就水到渠成了。

　　好风凭借力,扬帆济沧海。三年来,安庄分校正是借集团化办学之东风,每学期都能进入全县先进行列,教育教学质量呈现大幅度提升。2020年秋,学生达到180人,学校成功实现了学生回流,真正让乡村孩子也享受到与城里孩子同样的优质教育。

　　驻足回首,有喜也有忧。展望明天,道路漫漫且修远,困难重重亦艰险。但我们坚信,在县局的正确领导和亲切关怀下,实验人一定会勇于探索,砥砺前行,谱写南县集团化办学的新篇章!

她终于走出了抑郁的"孤岛"

谭腊元

她叫小兰，一头短发，干净利索，一身运动装，十足的假小子，活力无限。

今春开学，学校进行了语数素养选拔赛，她落选了，让人意外。那之后，她像变了一个人。黑色的口罩，黑色边框眼镜，厚厚的齐刘海，加上镜片后躲闪的双眼，让我的心莫名地疼了一下。课上大多时候她像个"隐形人"，课下她常独坐一隅，要么发呆，要么看书，要么伏在桌上，她把自己关在"孤岛"上，不与人接触。我想她应该会调整过来的，只是时间长一点儿。

我决定找她聊聊，我提议："摘下口罩吧，这样交流更舒服。"我微笑着想伸手帮她去摘下，她却如临大敌，赶紧往后退："没事，戴口罩习惯了。"见她这么抗拒，我只好暂且作罢。

不过就在那天晚上，我无意中刷到一个名为"L"的QQ朋友的空间，这段话让我胆战心惊："每天晚上一次次的崩溃大哭，一次次的头疼，一次次的浑身发抖，我很累，去学校更累，还要装轻松，我想休学，真的……"刚开始我以为是哪个孩子摘抄的，可再一看配的照片——一张伤痕累累的手臂的照片，我心疼得几乎无法呼吸。那手臂，那身影，虽然脸上打了马赛克，我却本能地辨出，那就是我一直担心的小兰，我陷入深深的自责和反思之中：孩子的心理出了严重的问题，为什么我还只是以为她一时情绪没调整过来？我得赶快帮她走出抑郁的"孤岛"，不然后果不堪想象。

我立马通过电话与其母亲沟通，可她母亲支支吾吾，甚至都不了解女儿的想法和心理状况，更谈不上重视。我决定上门家访，我了解到她来自农村，家里条件不大好。妈妈开了一家小店，爸爸当代驾，哥哥读高三，住校。一家人同住一个屋檐下，但其实交流很少。在爸妈眼里，孩子好学上进，不需要操心，但其实整个寒假，短视频、游戏等几乎占了她的全部的时间，这次考得不理想是意料之中的事了。一向心高气傲的她接受不了现实，所以她变得不爱学习，不爱交流，整天自怨自艾，再加上一向疼爱她的爷爷突然患病离世，让她更加抑郁了。我梳理出她近段时间表现反常的根源：手机惹的祸，再加上父母关心不够，没有及时干预，才导致孩子情况越来越严重。其实小兰渴望家庭的温暖、理解、关爱，她现在做出的种种自残行为其实是在表达"我希望被看见"。她深层次的心理需求被我们看见了，接下来的工作就有方向了。

第一，寻求外部资源。我把孩子的情况汇报给了我的导师——安化心理辅导专家喻老师，他告诉我，孩子遍体鳞伤，内心肯定是伤痕累累。是什么伤到了孩子的心，应该是家庭教育和互动模式出了问题。

第二，和家长沟通。我与她母亲多次交流，希望她首先重视孩子的心理问题，其次是抽出时间与孩子进行心灵沟通，面对面谈心、书信、日记等形式交流皆可。不管何种方式，都要让孩子知道爸妈是非常爱她的，关心她的，孩子才会主动靠近父母，与父母说心里话。从孩子妈妈的反馈来看，孩子从最初的一言不发，到现在愿意打开话匣，诉说自己成绩下降，担心老师失望，同学笑话；说自己能力有限，组员不服从自己，压力很大；说自己来月事时肚子疼，又羞于启齿；说同学给自己起外号，自己很不开心……这么多的烦恼堆积在心中，又找不到宣泄的出口，不生病才怪。

第三，和教学老师沟通。小兰抑郁的原因最初是数学选拔赛未能选上，而她一直非常爱数学，因此打击不小。数学老师立马找她谈心，告诉她老师依旧十分欣赏她，不会因为一次考试而看轻她，并针对她最近的作业错误一一为她讲解分析。我发现走出办公室的她眉头舒展了，脚步轻快了。

第四，我再次找小兰，给予她情感支持。我给她"开后门"，申请了一个特别的名额，让她参加语文培优，但也须参加两次选拔。当我告诉她这次决定时，我看到她眼里的光亮一闪，似昏暗的烛台重新被点亮。

第五，我在班上开了主题为"我与'孤勇者'"的微班会。通过视频，大家了解了唐恬小姐姐的抗癌励志故事。小兰看得特别认真，我示意她分享一下自己的观感。她眼含泪花："面对命运的不公，我看到了唐恬的抗争及不屈。我想起了自己，面对生活中一点点挫折就自暴自弃，我很羞愧，我对不起爱我的父母和老师，也对不起关心我的同学。我们应该记住歌词中所说的这句：'战吗？战吧！以最卑微的梦，在那黑夜中的呜咽与怒吼。'"她的发言得到了大家的肯定和掌声，我顺势说道，"是啊，我们每个人一生中不可能总是一帆风顺，总会遇到坎坷、挫折，我们要以平常心待之，得意时淡然，失意时泰然。所以我们遇到痛苦时要想办法积极地去解决，也可寻求别人的帮助，把'玻璃心'变成'金刚钻'！"听了我的话，大家都不由自主地点头。小兰能坦然面对自己的心结，看来她真的走出来了。

之后，小兰的情绪一直很稳定，口罩终于摘下了，久违的笑容出现了！我相信她已经迈过了这个坎，以后，遇到再大的坎她也能从容地迈过去。

一堂好课应落实四个"意识"

——《桥》评课

谭腊元

以学习任务为驱动，以语文实践活动为主线的"基于学习情境的小学语文任务性活动型教学"在别的学校开展得已是风生水起，而在我校还未真正开展。杨淑老师是第一个吃螃蟹的人，不仅勇气可嘉，而且连连带给我们惊喜。

今天，我想和各位同人，尤其是新进老师，就一堂好课的标准，以杨老师上的《桥》为例和大家交流探讨。

一、目标意识——课时目标及内容的确定

我们平时备课都要有目标意识，要明确不同课时的教学目标，在确定课时目标时要关注单元导读及课后练习，关注这篇文章在单元教学中的地位，要体现整合性。

《桥》是六年级上册第四单元的第一篇课文。本单元是本套教材第一次以单元的方式引导学生接触小说。这些小说刻画了普通人物在面临困境时闪现的人性光辉。本单元的学习旨在引导学生感受情节推进和环境描写对塑造人物形象的作用。

本单元的语文要素是"读小说，关注情节、环境，感受人物形象"。杨老师设置了三个情境任务，分别是赏故事，悟形象；品故事，赏形象；编故事，塑形象。需通过学习《桥》，让学生用心体会情节设置和环境描写对塑造人物形象的作用。为此，杨老师创造性设置"单元情境任务之一：感悟困境中人性

的光辉——你是这样的人"，让学生为最感动自己的英模人物写颁奖词。具体安排为：第一课时，从宏观和整体上把握课文内容，结合小说开头、发展、高潮、结局，引导学生梳理情节。第二课时梳理老支书与其他人物的矛盾，感受情节推进对塑造人物形象的作用。引导学生能通过赏析情节冲突，抓住人物的语言、行动、神态细节具体感受老支书的形象。这样，两个课时目标的确定，使本课的教学内容相互关联，形成有机整体。而意在通过《桥》这一课的教学，实现后几课的"扶""放"。

又如五年级下册第六单元，以"思维的火花"为主题，编排了三篇课文，展现了思辨与智慧，意在引导学生树立结合实际思考问题的意识，知道要根据具体情况选择恰当的解决问题的办法。该单元属于"思辨性阅读与表达"学习任务群。该任务群对第三学段的要求是"阅读哲人故事、寓言故事、成语故事等，感受其中的智慧，学会其中的思维方法"，"关注学生思考的过程和思维的方式"。教师应根据这一学习目标，规划整个单元的学习活动。首先，紧扣单元人文主题，创设了单元主题情境"点燃思维的火花"。主题情境之下按预备课、精读课、实践课、总结课设计了四个学习任务。任务一，开启思维之旅；任务二，点燃思维之火；任务三，照亮思维之路；任务四，闪耀思维之光。这四个任务由浅入深，落实语文要素，实践语文能力，提升语文素养。整个单元的设计始终紧扣主题学习情境，以任务作驱动，以活动推动单元教学，使整个单元的教学情境化、任务化、活动化。其次通过创设"思维公司正在招聘设计师"这个情境，让学生开启本单元的学习，情境贯穿整个教学过程，激发学生浓厚的学习兴趣。引入"篇章页"，以单元为整体，兼顾人文主题与语文要素，使学生明白本单元学习的重点。

二、文体意识——教学应凸显文体特色

作为语文教师，一定要树立文体意识，根据不同文学体裁匹配相对应的教学方式。杨老师的本堂课设计导入言简意赅却一针见血，直接让学生了解小说应关注哪三大要素，并引导学生聚焦主要人物，抓住主要人物与其他人物的矛盾冲突中的语言、动作、神态，来感受冲突的激烈，感受老支书人性的光辉。下节课还将引导学生关注环境描写，并发现环境描写对小说情节的推动作用，

为后面几篇课文的学法做铺垫。

三、策略意识——课堂教学策略实施

作为语文老师，始终要关注生本课堂，体现学生的主体地位。

（1）杨淑老师的课在指导学生通过朗读体会人物内心，感受人物形象特点时有层次，有方法。如体会第一次冲突时，杨老师温馨提示："在了解一个人物的时候，一定要咬文嚼字。"这其实是指导学生抓住关键字词品味。体会第二次冲突时，杨老师通过对比原句和改成长句，让学生一下子就能体会到时间就是生命，老汉此时内心的焦急以及指挥时的干脆果断。在有人说风凉话时，杨老师通过播放《什么是党员》短视频，让学生立刻明白危急时刻，老汉心中的抉择，永远是群众第一。体会第三、四次冲突时，杨老师又创设情境："如果你是导演，你会把镜头对准哪个动作？"杨老师的指导方法多样，引导学生入情入境地朗读，多角度有层次地感受人物丰富的内心世界，感受人物特点。

（2）杨老师的板书也很用心，扣住"他像一座山"从三个角度评价老汉：沉稳如山、公正如山、父爱如山，极简练地概括了老汉在人们心中的形象。

（3）这堂课的结尾设计也很有特色，让孩子们完成对老汉的颁奖词："你不惧危险，站在乱哄哄的人群前，你是（　　　）的人；你面对责难，冷静应对，你（　　　　　）；（　　　　　　），（　　　　　　　），你就是这样的人！"然后老师播放一段视频——《致可敬的人》，将当今社会各个行业的时代楷模以"电影画廊"形式呈现于我们面前，最后引领学生起立，向老汉鞠躬，向在座的润物无声、爱生如子的老师鞠躬。老师创设的情境让学生的情感就如大海一样波涛起伏，心中充满了对所有值得敬佩的人的敬意，再将其凝聚在鞠躬动作中。将课堂教学和德育巧妙融为一体，真正做到了春风化雨，润物无声。

四、进阶意识——教师积极的评价帮助学生实现学习进阶

课堂上教师的有效评价可以帮助学生实现学习的进阶，实现"教—学—评"的一致性。老师对学生真诚的赞许，智慧的引领，都能使学生有效地学习、进阶。

　　比如学生在朗读"少废话，快走"时，一个学生将"走"重读，杨老师积极引领："是啊，他多么希望此时儿子能活下去啊，所以加重了语气。"杨老师在PPT上打错了一个字，将"人们跌跌撞撞地向那木桥拥去"中的"拥"打成了"奔"。学生指出时，老师只是肯定学生"火眼金睛"，如果能顺势让孩子们辨析这两个字，孩子们就能感悟到"拥"更能表现洪水来临时人们的惊慌拥挤。当学生说群众对老汉心中充满了爱戴之情时，杨老师纠正为"拥戴"，其实也可以顺势引导，"拥戴"不仅有爱戴之意，还落实在行动上，处处拥护，一字之差，意思却不同，这样能帮助学生养成准确推敲文本和锤炼语言的好习惯。

　　总之，杨老师这堂课，值得我们学习和探讨。她只是为我们的"基于学习情境的小学语文任务性活动型教学"教研揭开了序幕，我们应该积极行动起来，参与其中。

一个农村教师的教学"百度网"

谭腊元

"一个不想当将军的士兵不是好士兵，一个不想当名师的教师不是好教师"，这是我的座右铭。"在平凡中守候杏坛，在无私中奉献智慧"，这是我的真实写照。"忙了秋收忙秋种，工作工作再工作"，这是34岁的我的青春写真！

令全校师生最为惊羡的是，寒来暑往，我的桃李园中总是挂满了丰硕的果实。今年中考，"县中考状元"姚彦慧是我辛勤栽培3年的学生。我被评为县"优秀班主任"，语文、历史两科"优秀学科教师"。我所带班的50名学生中有19名荣录县一中。所教语文、历史科年级组分获全县第一、二名。

令老师们更敬重的是，成绩面前，我不是"躺在功劳簿上睡大觉"，而是始终保持着对教育事业的那份执着和热忱，追求和奉献始终占领着我生命的制高点！

你看，每当晨曦微露的清晨，我早早地到校；薄暮将近的傍晚，我提着"重重的行囊"回家，里面满装着教材、各种备课资料等，那架势不像回家，倒像开始一场新的出发！那么回到家里呢？我就进入了自己的教学"百度网"，点击精彩，搜寻快乐，找到一个好的教学设计点迅速"下载"，作为宝贵的教学资源纳入自己的备课之中。

还是让我们一起来点击我的教学"百度网"的精彩网页吧！

网页一：教学业绩汇编

我今年34岁，1992年中师毕业参加教育工作，1995年获大专文凭，2002年参加了"市骨干教师"培训，2004年通过高等教育自学考试获中文专业本科文凭，2007年，33岁的我晋升为中学高级教师，并被评为"县教学能手"。

我是实施课改的先锋。近年，我始终站在课改的潮头，到中流击水，浪遏飞舟！我所教班级的语文学科成绩在镇内一直名列前茅，2005、2006年获县中考历史科"优秀学科教师"。今年中考我更是全面丰收。

亮点一：我是论文写作的高手。

在教育的行走中，我不断借"理论的高枝"提升自己。近年在语文教学中，我主要开展了"情境教学""创新作文教学""农村语文综合性学习课的教学"等课题研究。2002年我撰写了《略论初中语文阅读教学中的情境创设》，2003年撰写了《我是如何提高学生写作能力的》，均获县一等奖。2005年撰写的《〈天净沙·秋思〉教学实录与反思》参加"湖南教师继续教育"编辑部举办的"华夏杯"教研教改论文大赛获省级二等奖。2006年撰写的《农村中学应重视语文综合性学习课的教学》一文获国家级二等奖（由中国教育教学研究会举办的论文大赛）。

亮点二：我是教学比武的能手。

我注重将理论与实践不断融合，螺旋式上升，使课堂优质高效。1994年、2001年、2006年我参加县语文、历史科教学比武，均获二等奖。2007年上期，担任了县初中历史学科会示范课的教学。并多次承担镇、学校公开课、示范课。

亮点三：我是培养学生的妙手。

2003至2006年，我辅导学生参加县教育局举办的"真理的光辉""弘扬民族精神""同心共建和谐社会"等演讲比赛，三次获一等奖，一次获二等奖。另在县"诵读名著""迎奥运·讲文明·树新风"征文赛中，我辅导的姚彦慧、杨莉等学生获县级奖。

网页二：数学、历史课堂——"做客"也是"艺术人生"

在我的教学"百度网"中，经典无数，亮点纷呈。让我们一起聆听那曾经感动我的同事、学生及家长们的岁月回响吧！

亮点一：创数学教学的奇迹——"语文老师也能教数学吗？"

2002年上期，刚休完产假的我上班了。因上期学校人事异动少，刚好另一数学老师也休产假，无奈之下，长期任教语文的我只好顶缺任教七年级数学。

但家长们不答应，特别是班上教师子女多，一些"望子成龙"心切的教师家长"怂恿"中心学校领导听我的课。但我凭着一股犟劲，顶住了这股"压力"！我凭着对教学的深刻感悟，触类旁通，举一反三，迎难而上！我营造开放的数学课堂，课内向课外延伸，夯实学生基础知识，提升学生灵活解题的能力等。结果在县局期末抽考中，她班学生17名参考，8人打满分，其余最低分也达107分。我为学校该科总体评价获县第四名立下了"汗马功劳"！同年，我也获县级记功奖。

亮点二：历史比武课堂上——谁是最紧张的观众？

"东汉蔡伦'蔡侯纸'，张衡发明地动仪；

《九章算术》了不起，均在世界创奇迹……"

——听，2006年下期历史比武课上，我所上的"秦汉的科学技术"一课，以一首动听的历史歌谣圆满结束。课堂中细、实、活、深的教学风格，历史知识点纵向与横向的比较，知识的趣味识记，"五禽戏"动作的模仿，各类优秀课件资源的精心筛选、创新运用，将"三维"目标落实得恰到好处，获得听课教师的一致好评。

县局历史教研员余复兴老师被课堂精彩纷呈的亮点所吸引，连连称好，心中充满了发现人才的喜悦和激动！此堂课我获得第二名。继而2007年上期余老师又亲自"点将"，让我在县历史学科会上上了示范课。今年，我所写历史教学论文又送市参评。

网页三：语文课改——我的"主打歌"

亮点一：语文阅读课堂上——怎会飘来"蓝花花"的歌声？

"青线线那个蓝线线，蓝个英英采……"

——听！语文课堂上我那纯正的陕北民歌风味的歌声深深地拨动了学生的心弦。

"北风那个吹，雪花那个飘……"戏曲学习的课堂上，我又给学生唱起了那有些哀怨的"中国歌剧"，引领学生进入《白毛女》的课文情境。"苏三离了洪洞县，转身来在大街前……"那京腔京韵，让学生仿佛置身于"戏曲大舞台上"。

不止这些，我还给学生吆喝过："甜酒哦……小钵子甜酒哦……"那乡情乡韵哦，真是醉煞人！

我的语文课堂上，还可欣赏到"一水护田，两山排闼"的优美画卷！那是学生在语文课堂上的画作，是学生心灵对美的呼唤，是我带学生在"古诗苑漫步"的小憩，是"诗中有画、画中有诗"的情境教学的交融……我的语文课，将新课改"自主、合作、探究"的理念，将语文教学的生活化、综合化以及文化的韵味，展现得淋漓尽致，难怪学生在学校课堂教学问卷调查中评价说："听谭老师的语文课，像在看精彩的电影，又像在品读一篇优美的散文……"

亮点二：语文综合性学习课上——怎么会有"汪涵""李湘"的主持？

我的语文课堂上，还有"小汪涵""小李湘"精彩的主持。一个班能当主持的学生大概有二十多个吧，这得益于我的课堂教学对学生的"同化"。我的"综合性学习课"上得有声有色，学生由课内向课外延伸，还收集了各种广告、对联、标语、图片、小知识等。如在"说不尽的桥"这一综合性学习课中，"从桥洞最多的苏州宝带桥"，到学生自行设计的"未来的桥"……学生们主持的从容，合作的自如，思考的火花，想象的神奇，让所有听课的老师啧啧称赞。我将"农村语文综合性学习课的教学"开发成了校本教研课题，正影响着、带动着我们明山中学语文组这个群体。此两项课题在县局督查中得到了表扬。

网页四：育人天地——我的"精神家园"

我除担任语文科等的教学工作，几乎长年担任班主任。在学生的心中，我是良师，是益友，是人生指路的明灯。我任班主任，以人为本，与时俱进，走进教育的丛林，捕捉学生心灵的风景，而我也从中找到了"精神的家园"，在其中"诗意地栖居"。

亮点：充满爱心的学生评语——为学生引领人生。

我特别关注那些网瘾少年、学习懒惰学生、留守孩子。这从我每期给学生的评语中可见一斑。以下是2007年下学期我给学生们的评语：

"龚伟，你的记忆力很不错，只可惜你的思想未从网吧中完全走出来，若把十二万分的热情用在学习上，我相信，你一定是一个让人人说'棒'的男孩！"

"何俊，你是个有理想、有志气的男孩，如能上课时管住自己的思想，并做到不懂就问，发挥你的绘画特长，中考的胜利一定属于你！"

"曾苗，你是一个诚实守信的男孩，在没有爸妈管束的日子里能较好地约束你的言行。你不断地实现自己设立的'小目标'，你的'大目标'就可以一步步实现了！"

同事对我高度评价："从她对学生倾注爱心的鼓励中，我们要说，谭老师不但是'经师'，更是'人师'，我们从中可以想象学生们未来的精彩！"

网页五：个人才艺展播——"我的地盘我做主"

亮点：舞台上，"廉政诗文朗诵"者有我！

我热爱生活，爱好广泛，普通话获二甲等级，计算机获高级证书；1997年、2000年分别获得镇县卡拉OK大赛一等奖、优秀奖；2002年镇艺术节担任校合唱队指挥。2007年县职工艺术节"诗朗诵"获优秀奖；2008年县局、县纪委"廉政诗文朗诵"比赛获优秀奖。

冰心先生说："成功的花，人们只惊羡她现时的明艳！然而当初她的芽儿，浸透了奋斗的泪泉，洒遍了牺牲的血雨。"

要知道，一个农村教师，在条件有限的情况下要付出多少智慧和汗水，才能开出如此"明艳的花朵"！

当别人早已进入甜蜜的梦乡，或者在牌桌上鏖战的时候，我在我的教学"百度网"上搜寻。精彩从这里开始，快乐从这里诞生，祖国的未来从这里预约……我希望我的"百度网"会越来越精彩！

咬定"育人"不放松，立根原系"未来"中

——谭腊元2022年个人述职报告

谭腊元

谭腊元，女，1975年生，1992年参加教育工作，本科学历，32岁晋升为中学语文高级教师，中共党员，南县作家协会会员。她30年如一日，栉风沐雨，用一颗赤诚之心，在城乡教育的土地上，播下了爱的种子，一棵棵幼苗在她的精心培育下健康茁壮成长，她为孩子们的成才打下了坚实的基础。

谭老师在2001年至2022年获县级嘉奖10次，记三等功三次，2007年被评为县"教学能手"，2011年被评为"职业教育先进工作者"，2018年获县"名教师"称号；多次获县"优秀班主任""优秀学科教师""工会积极分子""优秀通讯员"等称号。

一、抓班级管理，争做锤炼学生品格的引路人

她忠诚党的教育事业，加强师德修养，坚持立德树人，争当"四有"好老师。她热爱班主任工作，服从组织安排，任劳任怨。自2012年下期调入南县实验学校起，年年被领导"相中"教那些老师更换频繁的"乱班"，担任繁杂而又需极具"爱心""耐心"和"责任感"的小学班主任工作。她坚持德育为先，将"爱心""责任""艺术"等元素融会于她的班级管理之中，努力做锤炼学生品格的引路人，引导学生从小"扣好人生的第一粒扣子"。

她尊重孩子，细心地呵护他们稚嫩的心田，静待花开。为管理好班级，营造良好的班风，她严格中贯穿着民主。每学期初，谭老师都会根据本班实际情

况，利用班会课组织学生学习《小学生守则》《小学生日常行为规范》，对守则、规则进行逐条讲解、对照，指出本班存在的问题，让学生人人明白班级存在的问题及自身的不足之处，让学生"通过集体"或"在集体中"受到教育。课后组织学生为班级未来发展制定有针对性的班级公约，在班容班貌、清洁卫生、公共财物、两操劳动、课堂纪律方面都做了明确的规定。如对每天佩戴红领巾、校徽，勤剪指甲，集合队伍快、静、齐等，都提出了相应的措施。小到一只簸箕，一把扫把如何摆放，大到门窗、电灯的开与关，学生都能各负其责。老师不定期抽查，选出"规范示范员"，让其享有检查的资格，去督促做得不好的同学。这样，一批又一批的同学合格了，成为行为标兵、榜样、带头人，她所带班也成了学校班级管理的标杆！

二、关爱留守儿童，甘当特殊儿童的"爱的北斗"

当今社会处于城镇化的转型时期，班上学生情况复杂，留守儿童多。作为班主任，她坚持奉行"学生，就是我的孩子"，坚决做到"不抛弃、不放弃"。她坚持家访，走街串户，多年以来没有一个孩子在她手里失学。困难的留守孩子，她会带孩子回家吃饭；遇上孩子头疼脑热，她会给予关爱或及时送医；留守的学困生她会组织一对一帮扶。

他，叫小强，父母皆有吸毒史，并已离异。母亲本是监护人，但本人都不知所终。爸爸也是清醒时才想起还有一个儿子，平时也是好几天不见人影。谭老师看在眼里，急在心里，每天都在担心：孩子吃了早餐没有，中餐又在哪儿吃，学习谁来辅导，晚上，孤独时又是谁陪你说话？后来，谭老师干脆把他领进家，照顾他的吃喝，辅导他的学习，并鼓励他考师范，孩子在老师的关爱下，终于走进了师范的大门，接到通知书那一天，他哽咽着第一个向谭老师报喜。即使孩子已读师范，谭老师也不忘给他过生日，买生日礼物。今年教师节，孩子发来微信："谭老师，谢谢您曾在我年幼迷茫而懵懂无知的时候给我无微不至的关怀和教导，在我为家庭痛苦不堪时，也是您给我的鼓励和开导，才让我走出阴霾，黑暗的时候是您把我给点亮，才让我能看到我想要的光明未来，三尺讲台，抚桃育李，祝您今天教师节快乐！"

三、潜心教学，乐做点燃学生创新思维的"燃灯人"

谭老师针对当今孩子们只爱"作业帮"，不爱动脑的弊病，积极向课堂40分钟要效率。每堂课她都积极创设问题情境，充分调动孩子们的学习兴趣。

比如学生邹佳琪曾在教师节发表感言："要问我印象最深的是哪节课？无疑就是那堂'握不破的鸡蛋'作文课。那堂课，谭老师拿来几个鸡蛋，让我们班的几位同学轮流来挑战将鸡蛋握破，谁能握破谁就是我们班上的大力士。可是，谁也握不破，就连我们班公认的"大力士"都拿它没办法。于是谭老师让我们查资料解答了心中的疑惑，原来这是薄壳原理，所以我们怎么样都握不破它。这堂游戏作文课不仅上得有趣，还让我们明白了道理，从此让我们不可救药地爱上了您的作文课。"

谭老师还努力创设活动情境，诱发孩子们的表达欲望。在上六年级语文单元作文《学写"倡议书"》时，教材上有范文，书信格式孩子们也熟悉，难点在于倡议书内容，如何针对生活中"保护环境，节约资源"存在的热点问题或不文明现象发表自己的想法并提出倡议呢？班上两极分化严重，为充分调动每一个孩子的积极性，谭老师决定放手让学生以小组为单位，自主合作完成。先确定热点话题，利用休息时间，走访有关部门。课堂上，再由组长对组员进行分工，分别负责"倡议原因""具体倡议""发出号召"等内容的撰写、整合、完善。活动中，孩子们各司其职，10分钟后，"拒绝野味"倡议书、"拒绝一次性用品"倡议书、"光盘行动"倡议书、"弯腰行动"倡议书、"绿色出行"倡议书、"文明养狗"倡议书等一系列倡议书新鲜出炉，很有感召力。像这样的放手贯穿谭老师的日常教学中，指导六年级上册第4单元《笔尖流出的故事》作文时，一节课8个小组，8个编剧社团，8部情景剧诞生，老师和同学再集思广益，巧妙建议，学生作文的兴趣大大提高。

除此之外，谭老师还巧用媒体平台，激发孩子们写作兴趣。谭老师不仅随时写"班级日志"，及时记录班级的闪光点，自己示范引领，多次在刊物上发表文章，还结合学校公众号、《优秀小学生》习作、《课堂内外》刊物、《放学后》刊物、"学习强国"平台等的征文活动鼓励学生投稿，再针对性地修改推荐，不少学生的习作陆续发表，极大地调动了孩子们的写作兴趣。有了榜样的示范，孩子们开始有意地观察生活、积累素材，认真学习表达，反复进行修改，主动进行创作。这5年她辅导沈川航等将近20人次参加各类主题征文大赛获国家级、省、市、县级奖，并在《小博士报》《小学生作文》《麦札记》《课堂内外》《放学后》《科教新报》等各类国家级、省级刊物杂志上或"学习强国"App上发表作品。她辅导学生参加征文、阅读、演讲、手抄报、书法、朗读、绘画、才艺比赛等活动多次获市县级奖，辅导学生个人参赛近30人次获奖，被评为市县各种主题教育及竞赛"优秀辅导教师"21次，成为培养学生综合素质的一名"全能型老师"，在南县实验学校教师队伍中树起了一面光辉的旗帜，成为大家仰望的一束光。

四、引领示范，争当青年教师追求的"一束光"

谭腊元老师参与《小学语文阅读教学中学生"以读促写"能力提升研究》课题研究获县三等奖；担任《诗意阅读》副主编；主持《"词句段运用"教学策略研究》获县二等奖；多次参与省、市级课题组研究，是孟琳工作室、杨淑工作室核心教师。

她还是论文写作的妙手，近30篇论文分别获县、市、省级奖励，其中《浅谈如何创设情境让学生爱上作文》《当"传统朗读"遇上"视频朗读"》《妙笔绘"心"让人物鲜活起来》《春风十里不如你》《智慧的课间十分钟》《教师，请把握自由与纪律的节奏》《巧借"意外"，让课堂生成美丽》等七篇论文获国家级、省级奖，并分别在《儿童大世界》《教育管理与教学艺术》《湖南科技新报》《教育文摘周报》《课堂内外·好老师》等刊物上发表。《巧用"教育随笔"，智慧班级管理》《如何让"后妈"变"亲妈"》《多管齐下，促进学生愉快朗读》《略论如何创设情境让学生爱上表达》《做一个幸福的耕耘者》《略谈小学语文口语交际教学的有效策略》《2018年小学六年级语文试卷分析》《让家校沟通催开一朵朵蓓蕾》《浅谈"教育随笔"在班级管理中的巧妙运用》《"沙粒"是如何打磨成珍珠的》等多篇论文获省、市、县级科研论文奖。

谭老师善于分享、乐于分享。她在第七届世界华语图书馆论坛担任平行分享讲座主讲人员；在南县小学毕业班学科会上做了《从阅读中来，到阅读中去》的经验介绍；在全县信息技术与教育教学深度融合展示课活动中，作如何上好《语文园地四》的专题讲座。

"落红不是无情物，化作春泥更护花"，她发挥党员教师示范引领作用，指导肖红霞老师上小学毕业班示范课《词句段运用——词语复习》；在全县"信息技术助力'双减'课堂提质增效展示课"活动中，指导曹婕好执教了《四季之美》的教学示范课；2020年、2022学年度"南县中小学教师能力提升基地校培训工程"中两次被评为优秀指导老师；在集团青年教师教学比武活动中获指导老师奖；"青蓝工程"中担任语文学科青年教师蔡杜、赵孟丹、陈霞、张云佳、刘璇、见习生彭柳的指导老师，让这些老师很快成长为学校名教师、骨干教师。

谭老师努力做学生"锤炼品格、学习知识、创新思维、奉献祖国"的引路人。她不忘初心、牢记使命，开拓创新，扎根基础教育，倾力奉献，甘当留守儿童的"爱的北斗"！深情藏沃土，潜心教学，她乐做点燃学生创新思维的"燃灯人"！引领示范，她争当青年教师追求的"一束光"！30年日复一日，年复一年，她付出满腔热血为祖国育得满园桃李！终身从教，终生无悔，这就是谭腊元老师！

一场诗意的修行

谭腊元

今年暑假，我参加了"湖南城市学院'国培计划'（2022年）南县义务教育阶段教师培训班"，它似一股春风为我拨开了云雾，在这里我的教育理念和思想认识开始发生质的飞跃。

忘不了南县教育局工委委员、副局长周大昌引用湖南第一师范学院的校训"要做人民的先生，先做人民的学生"。是啊，教书育人，要给学生一滴水，老师自己得拥有一股常出常新的清泉。

忘不了年轻美丽的工作坊坊主刘亚军老师带领我们一起学习《义务教育语文课程标准（2022年版）》，让我们对新课标的五大核心变化的内容了然于胸。

忘不了湖南省教育研究所谭剑英教授所做的"'双减'背景下基于学生核心素养的教学设计与实施策略"讲座，她用大量的精彩案例让我们真切感受到促进学生全面发展才是语文核心素养的内涵，即"学养为本"。

忘不了风趣幽默的湖南省教育信息化专家宋见林教授带来的精彩讲座——"信息化教学基本路径与融合创新"，他现场展示如何用信息技术来创新课堂，使课堂更高效更有魅力。

忘不了智慧美丽的南县实验学校总支书记孟琳带来的讲座"骨干教师成长之路"，她谈她的教育人生，从普通教师到学校中层，到学校校长，再到现在的集团总支书记，角色不停转换，经历却清晰简单，跨度34年，但每一段路都踏实而悠长。

　　忘不了湖南省教师发展中心龚明斌教授的讲座——"创造适合于小学生发展的教育"。龚教授课前下足了功夫，每一张图片，每一个视频，每一个发问对象，他都精心设计，真正彰显了教育"以生为本"的初心！

　　忘不了湖南城市学院龚茂华教授深入浅出地讲解"民法典"，小案件，大道理。两次问卷测试，让平日"高高在上"的我秒变为"差生"，羞愧得无地自容。

　　这次国培，让我认清了自己的渺小。我会记住这个骄阳似火的假日，记住这场诗意的修行！

盛夏梦圆

夏顺

花开花落，不知不觉，我已经走完了自己教学生涯的第17个年头。我在感慨"时间都去哪儿"之时，曾不止一次梦想走进大学校园学习、生活。2017年盛夏，我走过了一段圆梦之旅。

在这个盛夏，我有幸参加了清华大学——南县中小学校长综合素质提升研修班。培训时间虽然短暂，但学习任务却是繁重的。15天里，只有1天休息，其余时间都安排得满满的。在这半个月里，我们像清华年轻学子一样，天天端坐在教室里，专心听教授专家们传道解惑，好像回到了遥远的学生时代。

回顾研修班的15天学习，教授专家们的一场场精彩的讲座都如一颗颗石子，在我的内心激起一阵阵的涟漪。相信这场培训还将在以后相当长的一段时间里继续影响着我，指导着我，指引着我。

"真正让受训老师喜欢的专家应该是仰望星空、脚踏实地的。"仰望星空，能带给我们视角的引领；脚踏实地，能带给我们学习的路径。细数为我们培训的专家，邹广文老师的广博，赵钰琳老师的儒雅，吴国通老师的睿智、刘书林老师的幽默、何建宇老师的谦和……他们的讲座确为我们指向了无比璀璨的星空，让我们有了奋斗的目标。

21日上午，我聆听了清华大学王晓阳博士"从文化比较的视角看中美教育的差异"讲座，王博士慢条斯理、率真朴实地把一个个真实案例讲述得画面感十足，让我们感受到中美教育的不同之处，也为我们今后的教育工作提供了新的思路、新的挑战。美国教育培养学生自我表现的愿望和技能，注重培养完整的人，而不只是学科知识。而我国的中小学生课业负担过重是一个根深蒂固的难题，这与我们重视升学考试的制度及激烈的升学竞争有关，因此我们的教育要求学生学习更多的知识。虽然我们改变不了这一现状，但是我们能学习美国教师对培养完整的人这一教育理念。教育不只是教学，还有更重要的育人，因此我们也要以德育为先，活动育人。美国教育确实有其成功的一面，当然，中国教育改革发展近年来也取得了巨大的成就，虽然中美在国情、文化等方面差异较大，但是美国教育重视学生全面发展、推动教育公平等方面的做法确实值得我们学习借鉴。

本次培训，不仅使得我们有机会和顶级专家们进行面对面、零距离的交流，还让我们更深入地了解一线教师的教学新理念、新模式。如清华大学马克思主义学院副教授冯务中老师引导学生由"教学对象"变为"教学主体"，以教为导，化教为学的"导客为主"的教学模式；北京市朝阳区教育研究院中心附属学校牛辉刚老师打造阳光智慧课堂，开发"学践行"的学习模式……他们把自己智慧的结晶用一种可感可学的形式呈现了出来，可谓颇具匠心。

清华附中上地分校的张波老师是一位有16年连续带班经验的一线教师，很普通很朴素，但温文尔雅，自信满满。他为我们讲解的班级群体文化建设，都是从实践中总结出来的、很有个性特点的班级管理经验，我们听来很鲜活，很接地气。纵然很接地气，可是我依旧觉得这是一位难以望其项背的管理高手，他的多才多艺，他的奇思妙想，让别人无法模仿，但我记住了他精彩聊天中的几句话，"班主任先要有爱心，再有匠心、野心""班主任可以个性鲜明，特点各异，但是作为班级文化的倡导者和引领者，有两点必须具备——儒雅风度和文化底蕴"。简简单单的几句话，不难看出都是出自长期的教育教学实践，更不难看出，这是一位很会从教学实践中沉下心来剖析、寻找教学规律的人。当看到他多年如一日细致地记载着每天的点点滴滴时，我醍醐灌顶："没有文字、图片的教育，历史是空白的。"我在我们学校开展教研活动也有很多年了，但是我总是意识不到要及时地把那些灵光一闪的、鲜活得让人拍手叫好的教学现场，以及教学感悟留下来，图片、文字以及自己当时思考得很深远的东西，都没能及时留存下来，这是对自己、对学校教研多大的损失啊！教研不能只为了完成上级要检查的内容！一所学校的教研是有生命的，需要系统地、有步骤、有针对性地发展，直至成熟。这期间是需要有留存的，有了留存就有了历史，有了历史就有了回顾，有了回顾就有了比较，有了比较就能规避前车之鉴，就能知不足而有的放矢地发展。这样一定能更有效地成就我们的老师，也就是成就我们的学校、我们的教育，更是成就我们的孩子。想到这里，内心顿觉不安与愧疚，我分明觉得自己长大了很多。

"入了清华门，就是清华人。"感受着，靠近着，温暖着，感动着，一切都那么妙不可言，一切都那么荡漾心扉！

感谢这个热情的研修班，感谢这个热情的盛夏！

不忘初心，踏歌前行

夏顺

　　七月，虽然骄阳似火，5天，只是短暂行程，但是南县教育系统的38名教师怀着对教育的炽热之情，在北师大进行了一次精神的洗礼。我很幸运能成为其中的一员，培训的日子紧张而有序，每天的感觉都是幸福而又充实，7位风格迥异的专家教授、8场不同类型的精彩讲座，冲击着我的思想火花，一次次地激起我内心的感应，更激起了我的反思。

　　培训归来，我内心一直波澜澎湃，久久不能平静，反复翻阅笔记，不时闪现精彩瞬间。本次专家教授精彩的讲座促使我站在更高的层次上反思以前的工作，更严肃地思考现在所面临的挑战与机遇，更认真地思考未来的路如何去走。在这里，就浅谈几点自己的感悟。

一、专家引路，掷地有声

　　"听君一席话，胜读十年书。"26日下午，我们放下行囊，稍事休整，就马上投入紧张的学习中。首先我们聆听了王文湛教授"学习贯彻十九大，深化改革，加强队伍建设"的讲座，一位八旬的老人不用稿纸课件的辅佐，手持一杯清茶，思维敏捷，条理清晰，用平缓毫不迟滞的语气，幽默风趣的语言为大家做了将近2个小时的讲座。他高屋建瓴，站在国家的高度，根据历届人民代表大会报告中涉及教育的论断，分析了历届涉及教育的相关内容的含义，细数了历届报告涉及教育理论的字数。从小数据下面的大道理入手，为我们深入浅出地概括了党的十九大报告对教育讲述是——字数最少，分量最重。"努力办好人民满意的教育"这11个字重如千斤，内涵极其丰富。

国家要办"人民满意"的教育，就需要我们办"学生满意、家长满意"的教育。教师是教育的基本的实施者、执行者，教师教育着的这一群人，关系着祖国的未来。王老要求教师，要教学生6年，看学生16年，想学生60年。这个要求的含义极为深刻，掷地有声，让我们思绪万千。这是什么？这就是教师的责任，作为教师，我感受到自己身上育人的责任之重大。

二、理念带路，润物无声

不容置疑，培育学生核心素养是我们的教育目的。伍新春教授令人如沐春风般的交流授课风格让人惬意舒心，即使答不上来，也会感受到他的温暖。伍教授通过理论阐述和案例分析，让我们清晰地认识到："核心素养"是当前教育领域最受关注的热点话题之一，它包括3大方向，6大素养，18个要点，是我国教育未来发展的顶层设计与架构。同时，伍教授结合国外成功的教育，不断地给我们灌输着教育发展理念：核心素养是由知识、技能、价值观、态度和意愿等要素共同组成的，是学生在特定情景中灵活运用知识和技能的一种综合能力。

作为一名教师，如何将发展学生核心素养的统一要求，转化为学科具体的任务目标，贯彻到教育教学的每一环节，也成了我们肩上的一大难题。看看我们的现状：教师给学生布置作业时，预习和复习排第一位，第二是做练习题，第三是查阅资料，第四是阅读图书，这四项作业都是围绕书本而安排的，目的是让学生把书本知识背得滚瓜烂熟，考试做得又好又准确；而动手操作、讨论研究、社会调查等重在培养能力的作业却很少。另外，学科的教学让学生死记硬背的内容太多了，设置的条条框框太多了，而学生的欣赏、领悟太少了，自由和自主创作的空间太狭窄了。诸此种种，都不利于核心素养的落地，都需要尽快改进。我认为，要改变现状，首先是教师理念要改变，从"学科教学"转向"学科教育"，教师要明白自己首先是教师，其次才是教某个学科的教师。要明白人的"核心素养"有哪些，学科本质是什么。这样，教师才能更好担负起立德树人的崇高职责，才能自觉地成为学生核心素养培育的最核心、最关键的力量之一。

三、创新开路，绘影绘声

VR/AR技术和"STEM课程"，不但给我们带来一场盛大的头脑风暴，更开拓了我们的思想，增长了我们的见识。在课堂上，蔡苏教授让我们置身于"宇宙太空"，眼前身后，头上脚下，都被或明或暗、或密或疏的群星所包围。银河系的奥秘似乎触手可及，太阳和它的行星的运行轨迹仿佛就在身边。过去对太空的种种困惑，这一刻突然间豁然开朗！VR/AR虚拟课堂推开了智慧教育的创新之门，呈现出来完全区别于传统教育模式的现状，能够提供可控、逼真、多感知的学习环境，使得学生能够与之交互，提高学习主动性与效率。对此，老师们都赞叹不已。想象一下，英语课上，当老师讲完了今天的单词和语法，没有语言环境，学生们只能靠死记硬背，自己跟自己对话来记忆所学的知识，往往事倍功半，而现在，就完全可以利用VR技术，让学生通过与虚拟角色对话锻炼听说能力，体验真实的英语环境，培养敢说爱说英语的学习态度，提高自身口语水平，巩固课堂知识。

"STEM课程"是集科学、技术、工程、数学于一体的教学模式。在这种模式下，我们的科学课堂变得更有趣味性和可操作性。黄旭升教授让我们亲身体验了一节"STEM课"，真正让我们在做中学，在做中思考，在做中提升。我想，这样的科学课堂肯定是快乐的，是学生乐于接受的。我们可以具备这种理念，我们可以大胆地尝试和畅想，哪怕仅仅开展几次这样的课程，意义和收获也将是很大的。学生体验了全新模式的科学课堂，教师更是在实践中积累了经验，何乐而不为呢？

一位哲人说过，一个人能走多远，在于他与谁同行。感谢这次北师大培训班的各位专家、学者，为我们指点迷津；感谢这次同行的南县教育界的精英们，从他们的身上我看到了同行的优秀和自己的不足；感谢县局领导为我们创造了这次北京培训的机会。

短暂的培训虽然结束了，但我将永葆一颗初心，踏歌前行，把这个夏天所看到的、所听到的、所学到的，运用于自己的教育教学，努力成为善学乐学、充满智慧和有情怀的南县教育人，成为更好的自己！